四国八十八ケ所霊場巡り

―人間って素晴らしい―

渡辺安広

22世紀アート

まえがき

　風雨の中、遍路道を下り切ろうとする所の、杉木立の間より境内が現われ、八十八番札所、結願の寺、大窪寺が見えてきたのだ。長年の夢であった、四国八十八ヶ所霊場巡りが今完成終えようとしている。出発から、三十日間、千二百㎞あまりに及ぶ長い距離、よくここまで、身体が何事もなく持ってくれたことに感謝し、最後の一歩一歩を慎重に運ぶ。嬉しさは不思議とあまりなく、終ったという気持ちと、一抹の淋しさにあるのは誰も居ない雨の中でのせいでもなく意外である。これはどこからくるのか、今まで得られた感動に終止符を打たざるを得ないと思ったからかも知れない。

　人生の節目としての霊場巡りであったが、これほどの感動を得られるとは予想にもしていなかった。これほどの感動を自分一人のものとしては勿体ないというか、是非この感動を皆と分かちあいたいとの思いから飾ることなく文にまとめる必要に駆られた。

　経済、社会不安の続く今の世の中ではあるが、このような素晴らしい出会いがまだ残っていますよと、多くの人に知って欲しかった。これから四国遍路に出ようと思う人の為に、生の情報を与えられるべく、時間、距離も分かる範囲で記し、後に続く遍路さんの少しでも役に立てばとの思いから文にして残しておきたかった。四国の人の遍路さんに対する思いやりに接しどれだけ勇気づけられたことか、与えられてみて、初めて与えることの素晴らしさを実感として教えてもらい、これからの人生の指針にもなり得た。

四国の人へのお礼を込めて心より今回のことを多くの人に知って欲しいと思った。

今、心より思うことは、人間の素晴らしさを、若い人にも理解していただき、受け継いで欲しいと思うのが偽わらざる心境であり、この本を通して一人でも多くの人が私と同様の感動を分かちあえれば本望です。

目次

序の章　長い夢の実現

人生の節目

長年勤めた会社を辞め、Ｕターンで故郷に帰り、第二の人生を歩み始めているが、念願叶い、若い頃からの夢であった、四国八十八ヶ所霊場巡りを歩き終え、今尚感動が消えずにいる。私にとって、四国遍路は若い時からの夢というか目標であった。

私も若い時は世の習いで、御多分にもれず色々のことをしたが、中でも旅行が趣味で、登山、サイクリング等、今でいうところの、アウト・ドアー的なものに心ひかれていた。

ただし遊びの中にも何か自分の糧となる物を求め、常に自分に投資するつもりで行動をしてきた。北海道から九州までを本の中の主人公とダブらせる旅もしてきた。

壮大な目標としては、日本列島縦断であり、四国八十八ヶ所霊場巡りであった。

四国遍路は若い時の考えでも、何か日常の世界よりはっきり別の世界に入って行く、未知の旅のように思え、スケールからいっても大きな目標になりえた。

二十代前半、四国の石鎚山登山をしての帰り、電車の中でお遍路さんと出会い、山で拾った水晶を差し上げたこともあった。

両親が四国出身であり、祖母が小さな伯父を連れ、四国遍路をしたことも母より聞かされていた。このようなことが頭の中に染み込んでおり、常に一人旅を好み、型にはまった旅の嫌いな、少し放浪癖のある私には、四国八十八ヶ所霊場巡りはいつかはとの願いであった。何回か歩きを主の旅もした。四国佐多岬より八幡浜までを歩いたり、瀬戸内の島を一周したり、ジョギングにも励み、いつかはとの気持ちを途切らせることはなかった。

四国遍路といえば、通し打ちのみとの思いしかなく、一ヶ月以上も仕事を休んでの遍路は時代も到底無理であった。

区切り打ちを知っていれば、何回かに分けて実行していたかも知れないが、私の場合、遍路といえばやはり通し打ちしか頭になかったのだろう。若い時の遍路といえば、やはり信仰というより旅の延長でしかなかったと思うが、今は齢を経たことによる環境と目的が一致、最高の舞台での出演の感がした今回の遍路であった。

何事にもいえると思うが、夢といえば少し大袈裟かも知れないが、目標はいつまでも持ち続け、それに対する準備、心構えも怠ることなく持ち続けた結果の今回の念願成就である。一番霊山寺より八十八番大窪寺までを巡り終え、生憎、最初と最後共に雨に見舞われたが、強い雨の中、八十八番大窪寺の境内に足を踏み入れた時の、充実、達成感は今回の遍路行での終りではあったが、長年思っていた夢、目標達成の時でもあり感慨ひとしお、何ともいえない気持ちで、正直なところ、嬉しいというより、頭の中が白くなった瞬間でもあり、本当の感動は少し間を置いてやってくるのかも知れない。

それと共に一抹の淋しさ、これで終ったのかと複雑な気持ちが交錯したのも事実。

しかし、この一ヶ月、私にとっては最高の日々であった。四国の人には、人間の素晴らしさを認識させていただき、自然の素晴らしさをも実感させてもらった。

苦しかったことは今思えば懐しく、達成した充実感と人との交わりがいつまでも記憶として残っている。人生五十一年を節目として始めた、四国八十八ヶ所を巡り終え、私は生涯において真に大きな心の財産を持つことになった。四国での三十一日間を記録として残そうと思ったのは、先ず私が出発準備として情報を得ようとしても案内本しか手に入らず、遍路というものの生の情報が得られなかったこと。私が体験した人間の素晴らしさ、まだまだ遍路に対する昔の伝統の良さが残っている四国での感動を私一人の中にしまっておいては勿体ない、多くの人と分かちあいたいからである。併せて四国の人に情けをもらい助けてもらっての結願であり、四国の人の優しさを全国の人に知ってもらい、今回の私の遍路行に関わってくれた方々にこの本に換えて私の心よりのお礼の言葉として捧げたいと思う。

以上の主旨が、これから遍路に出発しようとされている人、又これ以外にも多くの人に伝われば記録として残す意味が達成される。このことが私の四国八十八ヶ所霊場巡りを終えてのやらなければならない役目と思ったし、意義のあることと思う。

このような気持ちになったことは初めてで、毎日の行動を飾ることなく詳細に記すことが読む人に分かり易く、後に続く遍路さんの役に立つと思われるし、多くの人にも遍路というものの一端が垣間見えるのではないかと思われる。私との気持ちが分かちあえれば本望である。

出発準備

歩くことは全く苦とは思わず大好きな部類に入る。しかし四国八十八ヶ所を歩くとなると、こと話は違ってくる。

初めてのこと、広さ、大きさ、長さ、複雑さといい想像がつかない。

目的は別にして兎に角、完歩出来るだけの脚力、体力をつけることが先ず一番だ。

幸い、ジョギングを社会人になってからも続けており、Uターン帰省後も裏山を散歩、ジョギングに利用している。二月に四国遍路行きを決めその後、出発までの三ヶ月間、本格的、脚力強化に入る。出発を平成十年五月十一日と決める。この日は、今鹿児島に住む甥の誕生日であるし、又日本人がエベレストに初登頂した日でもある。よく運勢占いで旅の出発日時の良し悪しがあるがこのことで決めた感もあるし、もう一つの大事な要素でもある事柄で決定する。五月十日に私の地元、散歩コースである所の、呉音戸大橋休山マラソン（音戸ロッジ~休山往復十五km）が開かれるのだ。その大会に出場し、その翌日としたもので、マラソンの練習と脚力強化を兼ねようというものだ。

ところがこの事が四国において私を悩ますことになってしまうのだが。それというのが、マラソン一週間前、左膝の状態が悪化、強く走れないまでに痛みが出たのだ。

ここで両方共やめるか、実行するか思案されたが、この日の為の努力を無にすることもできない、後は結果待ちだ。

五月十日休山マラソン出場、三百二十二人中百八十四位で無事完走し、その後すぐ、ボランティアの針、灸を受け、五月十一日、四国八十八ヶ所霊場巡り出発にこぎつけた。

四国遍路の出発も、ボランティア仲間、職業である登録ヘルパー関係合わせても五~六人に知らせたのみで、周囲には遍路体験者もおらず、一人で決めたことでもあり、人からの情報は零での出発となった。

四国出身の女性に話したとき、一番霊場の近くの出身の人で「私も主人が定年を迎えたら夫婦一緒に車で遍路したいと思っている」とのことで「まだ若いのに」「何を思い」「何を願っての？」との質問もされた。

私の場合若い時からの夢もあったが、この齢になってまでまだ母への心配のかけどおし、早くに父親を亡くし幼かった私たちを女手一つで育ててくれた母に対し何をして報いようか考えた結果である。私も定時制へと進み、親元を離れ、福山の製鉄所へ電気保守として就職、三十年余りで早期退職に応じ、母の元に帰りもうすぐ二年が過ぎようとしている。今は登録ヘルパーとして、老人、障害者の一助をなしている。

母の考えに添った「人の為になることをしなさい」という仕事をしていることには満足しているが、未だ一人暮らしで、母親としては息子の片付くことが一番の安心であることは分かっているが、縁なく今に至っている。母としては私のわがままと思っている節もないではないが、このことだけが今では高齢である母に対する私の心配をかけているところである。

信心深い母への恩に報いる為には、余命幾許かも知れない母の為、四国八十八ヶ所の納経スタンプを押した白衣を送り、母が黄泉《よみ》に旅立つ時着ることが出来れば無事成仏になると思ってのことである。

その目的が達成出来れば、今はその他、生活の変化、節目の為又不謹慎かも知れないが、一人身としては、四国の美味しい料理も食してみたいと、この程度であるが、結果は私に図り知れないものを与えてくれたのだが。行程は何日を要するか判断もつかず、四十日くらいではと予定をする。

登録ヘルパーの仕事も、就いてまだ三ヶ月余り。私の利用者はまだ少なく申し訳ないが休みをもらい、幸い遍路をできる環境であり体力のある今思いきった。

兎に角行動を起こすことが一番、現地に行けば何とかなる。問題が発生しても試行錯誤の末、問題解決することにより人間の巾も出来、度量も増すというもの。このような旅を終えてみると強い印象としていつまでも残る筈である。

道中での人々との触れ合い、自然との交わりを期待し、心の変化に気が付くことを願い、準備半ばといった中での出発となった。

準備参考資料

書物　四国霊場の旅（徳島新聞社）
四国八十八ヶ所霊場巡拝のしるべ（ナンバー出版）
新聞　朝日新聞　一九八五年　四月四日～四月十六日
四国霊場巡り　記者二人のレポート記事

第一章　徳島県（阿波ノ国）『発心の道場』

23札所（約210km）5月11日～5月18日

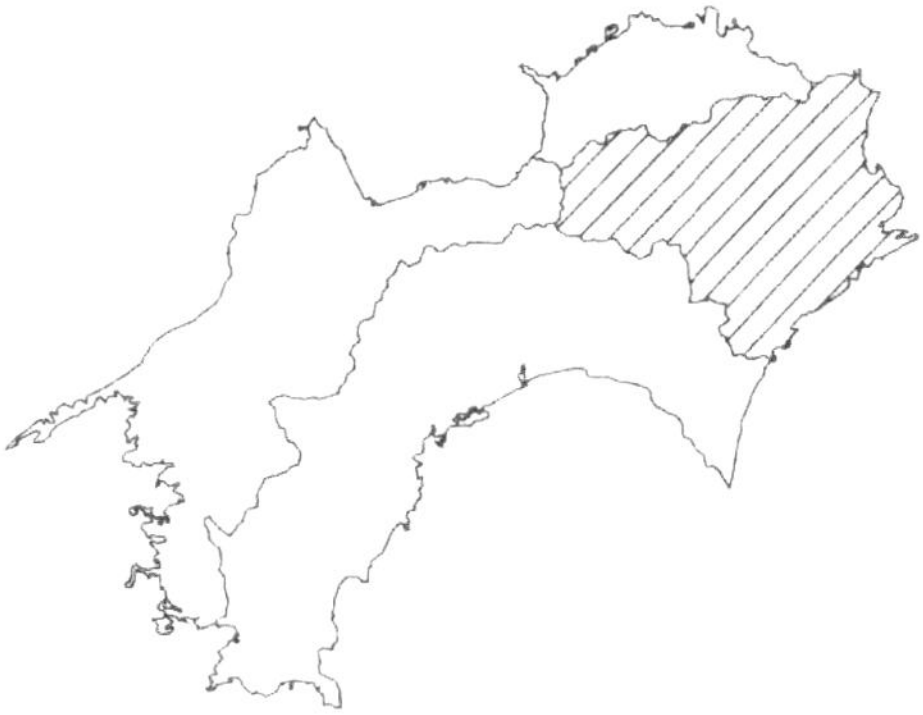

第 1 番	霊山寺	鳴門市大麻町板東
第 2 番	極楽寺	鳴門市大麻町桧
第 3 番	金泉寺	板野郡板野町大寺
第 4 番	大日寺	板野郡板野町黒谷
第 5 番	地蔵寺	板野郡板野町羅漢
第 6 番	安楽寺	板野郡上板町引野寺
第 7 番	十楽寺	板野郡土成町高尾
第 8 番	熊谷寺	板野郡土成町土成
第 9 番	法輪寺	板野郡土成町土成
第10番	切幡寺	阿波郡市場町切幡
第11番	藤井寺	麻植郡鴨島町飯尾
第12番	焼山寺	名西郡神山町下分
第13番	大日寺	徳島市一宮町西町
第14番	常楽寺	徳島市国府町延命
第15番	国分寺	徳島市国府町矢野
第16番	観音寺	徳島市国府町観音寺
第17番	井戸寺	徳島市国府町井戸
第18番	恩山寺	小松島市田野町恩山寺谷
第19番	立江寺	小松島市立江町字若松
第20番	鶴林寺	勝浦郡勝浦町生名
第21番	太竜寺	阿南市加茂町太竜寺
第22番	平等寺	阿南市新野町秋山
第23番	薬王寺	海部郡日和佐町

出発の日　(五月十一日)

四国遍路に向け、念願出発の日の朝、おのずと早目に目が覚める、目覚ましも必要なかった。Uターン帰省後、実家の傍に住み、実家への訪問を日課としているが、四国遍路にて母とも暫くお別れだ。時間に余裕があり、実家の母に挨拶に行くと母も起きており「気を付けて行っておいで」の言葉を受けて、心配性の母に又暫く心配をかけさせるなと思い、少し後ろ髪引かれる気もあるが、気持ちを振り切り出発する。

生憎の小雨であるが昼くらいには上がるのを願って、呉駅発六時二十九分岡山行きに乗車する。福山(フェリー)多度津―板東の計画を電車の中で急遽、岡山(瀬戸大橋)高松―板東に変更する。後者の方が時間が早いからであるが、電車も岡山行きなら岡山まで行き、瀬戸大橋はまだ渡ったことがないので、この機会を利用し渡ってみようと思ってのことである。小雨は降り続き窓ガラスの曇りを手で拭きながら初めての風景を眼下に眺める。

この計画性のなさが、今後どのように影響するか興味あるところであるが、これが私のスタイルと割り切っていくしかない。

四国高松に入り、普通電車で三本松、特急に乗換え引田、そこよりワンマン電車で板東へ、すべて車掌が丁寧に教えてくれる。

三本松までの車掌は特急に乗り継いで行った方が早いと教えてくれ、電車の時間をメモ替わりに不用の切符の裏に書いて渡してくれた。四国の車掌は皆このように親切なのか、ＪＲの方針か、私のような者にとっては、本当に有り難く救われた感じになる。

一番霊場の駅、板東に着き、地元の人以外に降りたのは私と夫婦一組の旅行者のみ、他に遍路らしき人は誰もいない。時間も昼過ぎで、一番へ向かう途中、腹ごしらえ。これで初めて四国の地に足を踏み入れ遍路へのスタートを切ったのだなとの実感が湧いてきた。

駅より六百ｍ余りで四国八十八ヶ所一番、霊山寺に到着。観光バス、旅行者、遍路さんも初々しく皆が生き生きと見える。

駐車場前の売店で先ず遍路の装具、必要品一式を揃える。白衣、菅笠、判衣（納経スタンプを戴くもの）、納経帳、納め札等。

ここで重大なミスをしていることが後で判明するのだが、当然この時点では気が付かなかった。金剛杖だけは購入しなかった（事前資料で両手を空けてないと難しい場所があるように思え安全策をとったのと、歩くのに邪魔になるのではとの勝手な思い込みで）。私なりの判断で決めたものだが、これは杞憂に過ぎなかった。弘法大師の化身ともいわれるほど大切で役に立つ道具であり、脚への負担軽減、防護用具としても欠かせない。これらのことは後から知り、分かったものだが。

この時点ですでに十四時近くに達しており、六番安楽寺までの予定でいたのだが「もう三番までしか行けないね」と店の人に言われ早くも予定が崩れる。納経時間が朝七時から夕五時までであることを知らされる。三番～五番には宿坊も無し、三番近く板野駅前の宿を紹介され予約を入れる。初めての遍路姿に変身し、本堂、大師堂での参拝、ただただ無事で帰って来られることを祈る。二番極楽寺に向かう。最初は歩いていても何か足が地に着かない感じであったが、一・五km先とそう長くない一本道を歩くことに集中するうち緊張もとれたのだろう、知らぬ間に違和感なく歩いていた。二番極楽寺は案内本の記憶も新しく、大師お手植えとされる長命杉に触れて後にする。三番金泉寺、納経所前で六十過ぎの男性と出会い宿の話となる。男性の「まだ決めてないんです」と言う言葉を聞いて、納経所の若い僧侶が、私の決めた宿と五番近くの宿を紹介してくれる。私の道路地図で一緒に確認し、男性は五番近くの宿に前の電話ボックスより予約を入れる。

私も少しでも先、五番近くの宿が良いのだが、先ほど予約済みの宿が料理の準備をしているとのことで変更も出来ず、私の宿近くまで一緒に歩きその男性と別れる。宿に着き先ほどの三番金泉寺に地図を忘れていることに気付く。男性との会話の時、五番地蔵寺への道順確認の為地図を見たが電話ボックスの中に置き忘れていたのだ。この時、物忘れの反省と宿を探すのが大変だなと気付く（この宿の件は後日解消されるのだが）。遍路での初めての宿ですることは納め札（各霊場の本堂、大師堂の二ヶ所納札箱に納める札）へ住所・名前を書いたり、天気予報を見て明日の予定を立て、心の準備をすることである。明日までは天気が悪いようだが、その後雨はなさそうだし距離は稼げそう。明朝は七時よりの食事、ゆっくりできそうだ。

三・九km

不思議な感動（五月十二日）

朝まだ早い五時過ぎに目が覚める。日常生活では考えられないことだ。しかしこの傾向は後々まで続くのだが。一階の食堂で食事、奥さんもご主人と車で何回か遍路に出ているという。私が歩きであることを知ると「愛媛県の遍路道では車で通っても淋しい所があるのによく歩かれるね」と、私もまだ歩き始めたばかりであり返事のしようもなく参考にするだけ。七時三十分出発、五番地蔵寺に向かう。

四国八十八ヶ所を巡るとき、順番通りに巡るのを「順打ち」、反対に巡るのを「逆打ち」という。ここは五番地蔵を打ってから四番大日寺への逆打ちが一般とされている。

車の通れる遍路道では四番への途中に五番があるのだ。私も多くの遍路と同じように五番地蔵寺に向かったわけだ。山門に入った所で、参拝を済ませた昨日の男性に出会う。男性の泊まった宿がお寺の下に見える。四番大日寺前で追い付き一緒する。高知よりの人、定年後の遍路で今回は行ける所まで行くとの予定。四番大日寺は今ＮＨＫテレビで放送している、「四国八十八ヶ所」のイメージが強く残っているお寺であり、特徴のある山門を目の前にして感動すると共に、今このテレビで見た同じ場所に自分がいるという不思議な感じと、何故か幸福感を味わう。

快晴、暑さというものを早や体験、しかし田畑の縁が美しい。少数グループの団体、夫婦連れが車でやって来る。女性が多く皆生き生きとしている。納経を終えて、おすがたなる小さな札を貰うがこのとき五番でこのおすがたを取り忘れたのに気が付く。手渡してくれる所と自分で取る場合があるので注意したい。たまたまこのコースは五番に戻るので事無きを得たが他のお寺だったらとゾーっとする。正に不幸中の幸い、これから先十分注意するよういい薬にはなった。

七番十楽寺より、若い女性遍路が私の後を追って来るような感じの遍路巡りとなった。

八番熊谷寺は桜並木の参道に二層の堂々たる高さ十三・二ｍの山門を通る。十一番藤井寺に向かう時、七番よりの女性遍路とすれ違い「今日は何処まで」と聞くと「十番切幡寺までです」との返事。その十番切幡寺参拝を終えたのが十四時三十分、宿に入るにはまだ早い。少し遠いが、九・八㎞先十一番藤井寺まで行くことにする。宿は納経所で紹介されお寺すぐ下の宿に決まる。

道路地図での歩行、地元の人に道をたずね、遍路標識、遍路マークのある道に出てからはただそれを頼りに歩き続ける。

この頃より午前中の好天気がうそのように雨が降りだし、軽トラックの女性より親切に「乗りませんか」と、声を掛けられる。歩きであることを告げ丁寧にお断わりをする。沈下橋を二つ渡り町中に入り、交差点スーパー横の遊技場で遊んでいた少年三人に道を教えてもらい歩きだしたところ、方向違いに歩いた私を少年が見ていて、正しい方向を教えてくれた。手を挙げ心より有り難うと。おばあさんの「お四国さん御苦労さん」の言葉に励まされ、お寺近くでの坂道を上り十七時過ぎ十一番藤井寺下の宿に到着する。相部屋で若い僧侶と一緒になる（僧侶とはこの後六日間同行する）。

部屋に入る前、庭で洗濯物を干していた僧侶と簡単な挨拶を交し、僧侶の何処からですかの問いに「広島の呉から」と言うと「呉はよく知っています。呉のお寺に何回か手伝いに行ったことがある」という。私も知ってるお寺だ。

僧侶は地図を見ながら明日の予定を立てている。明日の宿の予約も済ましたという。

「明日の十二番焼山寺はかなり厳しいですよ」と説明してくれる。地図を一緒に見てみると、コース、距離、宿、電話番号詳しく記入してある、歩き遍路専用の本「四国遍路一人歩き同行二人」（へんろみち保存協力会編）で、この本があるとないとでは大違い、歩き遍路（特に初心者）には絶対必要な本である。僧侶は長崎から来て、松山の五十一番石手寺より打ち始めという。それで顔の髭も納得がいく。十二〜十三日間伸ばしているのだろう。「この本は一番で売っていたでしょう」といわれる。このことが今思えば一番霊山寺で犯したミスになるのだが、私はこのような本があることなど知らず、売店の人も紹介してくれなかったのだ。後々まで響くことだが仕方ない。この本を販売しているお寺まで辛抱するしかない、それよりこの本の存在をこのように早く知ったことに感謝したい気持ちだ。

夕食は大広間、遍路の団体さんが二十人余り、歩き遍路は私と僧侶、それに今日、沈下橋付近より相前後して到着した初老の男性と他一人の計四人、私と相前後した男性は京都の人、今回は十七番井戸寺までで打ち止めするとの予定。今日では私のように通し打ちができるのは恵まれた境遇にあると思うし、今を大切にしたい気持ちで一杯だ。

十二番焼山寺まで、十二・三km標高八百m余りある。四国の札所の中には、大師のはからいによって六ヶ所の苦行の場があるといわれここ焼山寺と二十番鶴林寺、二十一番大竜寺、二十七番神峰寺、六十番横峰寺、六十六番雲辺寺で昔は〃遍路ころがし〃といわれるほどの難所であったといわれる。

地図にも並足にて六時間とある。僧侶は明朝食事はとらず、オニギリを作ってもらい、五時頃出発するとのこと。

私は明日の宿泊先を宿の人に相談、明日の所要時間を検討し焼山寺より六・六km先の寄井に決め、焼山寺には食堂がないと思われ昼食用のオニギリも注文しておく。

昼過ぎよりの雨はまだ降り続いている、明日は上り一方の厳しい山道、雨の上がるのを願い僧侶と一緒に早い眠りにつく。

三十五km

不思議な縁（五月十三日）

早朝目を覚すと僧侶は出発準備をしていた。昨日からの雨はまだ上がらず降り続いていた。「雨は上がらなかったね、気を付けてね」と声をかける。「じゃーお先に失礼します」との言葉を残し僧侶は五時過ぎに出発、厳しい上りを覚悟してのことであろう。

私は昨日十一番藤井寺での納経を終えてなく出発する訳には行かず、簡単な挨拶での見送りとなった。雨の中大変だろうと思いながら又眠りにつく。六時過ぎよりの朝食を団体さん、僧侶のいない歩き遍路さん二人と一緒にとる。部屋で準備中、昨夜頼んでいたオニギリを奥さんが持って来てくれる。宿を出るときは、丁度雨も上がっており僧侶のことも思い安堵する。十一番藤井寺、雨上りの静寂の中、自転車にての巡りの人二〜三人とお参りを済ませ、七時を待って納経を終え、本堂前左参道入り口より十二番焼山寺に向け山道となる遍路道に分け入る。

遍路行といっても今日はこれから十二・三km先標高差、最高七百m余りの山道の上り、完全に登山である。若い時の登山を想い出す。二十数年前にタイムスリップ。違った興奮を覚え昔に返った気分になる。

山林、特有の雨上り、もやの中、ときたま強い風を受けただ上る。中間地点にあたる柳水庵にて一休み、参拝、納経後、奥さんに甘いお菓子とお茶の接待を受ける。高齢の御夫婦で守っておられ歩き遍路のみ三〜四人は宿泊も出来るそうだ。休憩している間に歩き遍路四人と相前後する。野宿を主としている男性、若い女性、夜同宿した初老の男性は先に着いていたが、皆それぞれの思いで巡っているのだろうと思いを至す。

柳水庵よりの先、少し平地になった砂地を歩いていると頭上より声がする。鉄塔での電気工事、高所での作業、電線を張る前の作業か、珍しい初めて目にする光景、本当御苦労と思い私も一生懸命お参りしなければと思い通り過ぎる。一本杉庵では目の前に三m余りもあろうかと思われる大師さんの像が現われ驚くと共に遍路を助けてくれるのだという力強さを肌で感じる。

十二番焼山寺には予定より早く、四時間三十分を要しての十一時三十分に到着、思ったとおり食堂もなく参拝後オニギリでの昼食をとる。柳水庵での若い女性もパンにての食事をしている。柳水庵を先に出た初老の男性がやって来ず、二人で心配していると、二十分くらい遅れて「道を間違えました」とやって来た。予定より早く着いた為、昨夜予約した宿だと早く着き過ぎる。少しでも十三番大日寺寄りに変更するのがベターだ。しかし宿の探しようがない。昨日の歩き遍路用の本があれば解決出来るのに。先ほどの若い女性を見ると丁度その本を見ており、訳を話すと本を見せてくれ、一緒に調べてもくれ、彼女の泊まる宿も教えてくれる。宿は二軒あるものの、別の宿にするのも変におかしく同じ宿に決める。その時、修行僧が通り私達に結願したら、「今度は托鉢をしてみなさい」と勧められる。「大変で難しいですが、本当の遍路、人の恩、生死の境で得るものがある」というような意味あいのことを話された。托鉢の意味より私には遍路もこれから心して一生懸命頑張らねばいけないと再認識させられた。

彼女とは九・八km先、神山温泉の宿まで同行することになった。一・六km下に四国遍路の元祖といわれている衛門三郎最期の地である、杖杉庵がある。衛門三郎の金剛杖から根をおろしたといわれるイチヨウの大樹がある。お参りをしていると彼女は先に行って見えない。少し行くと待っててくれており「迷ったかと思った」と言われる。彼女いわく「私下りには強い」とのこと。この道中の話の中で彼女は「前に八十八ヶ所全部回ったが乗り物を利用した所があるのに、完全完歩の証明書をもらいそのことが気になっており又今遍路に出たんです」という。又その時「一緒に回った女性はスマートになったのに自分はあまり変らず今度は少しやせたい」と言う。

ただし「今回は四十番観自在寺まで行き、その先は体調次第で決めます」とも言う。

「もし止めた場合、次は秋に回りたい」と。彼女とは地図を見ながら、少し奥に入った宿を地元の人にたずねながら疲れた身体で到着する。私には少し予感があったのだが、宿に着くと僧侶の靴があり部屋にはいなかったが私の隣の部屋がそうである。

宿で町営の温泉券をもらい早速足を運ぶと、僧侶も来ていた。宿は違うが昨日同宿の初老の男性も一緒する。彼女のことを話すと僧侶も面識があると言う。これで三人の糸が継がった。私が部屋で道路地図を見ながら予定を立てていると、僧侶が入って来て「一緒に巡りませんか」と言ってきた。私も地図等のこともあったが「じゃー彼女も一緒、三人で行こう」と、ここから彼女だけ一人残してはいけない。彼女に聞いてみると「いいですよ」との返事、これで決まり、不思議な縁と思うと同時に大切にしようと思う。

夕食時、昨夜と同じく広い部屋で、他の遍路さん二グループ七~八名と一緒に食事する。神奈川で医者をしているという男性は「私の手で助けられなかった人の為に遍路をしている」と言われた。又「遍路は年間十万人そのうち歩き遍路は約千人、三人の歩き遍路が一緒になるのも珍しいですね」と。

他の人にも色々話しかけられ僧侶がおもしろく答えていた。僧侶もよくビールを飲むが彼女も遍路に出るとビールを飲むとのことで相当強そうだ。私はただお茶を飲む。

三人初めて揃ったのだが、もう何日も一緒したかのような雰囲気で楽しく過ごす。

明日より三人で巡ることになる。一人歩き遍路があくまで目標の私であったが、これもお大師さんのお勧めと思い受け入れ、お互い助け合って行こうと思う。

二十二km

新鮮なイチゴ（五月十四日）

三人揃っての遍路は今日が最初、六時三十分よりの朝食を終え、七時丁度の出発とする、今までとは少し違った気分だ。

女性が入っての歩きになると、どうしても女性にペースを合わさざるを得ない。女性は今までも一時間歩くと休憩を取ってきたとのことで私達も付き合わさざるを得ないわけで、私はどちらかといえば、長距離タイプ（二～三時間でも歩き続ける）。少しペースが乱れるが、でも今は左膝に爆弾を抱えているようなもの、良い方に考え素直に受け入れよう。

僧侶も「お寺は田舎にあり寄り合いでの行事はあるものの、歩くといったら、お寺の回りくらいで歩くことは少ない」と言う。どちらかというと女性の歩きに近く、二人共「自分達は短距離タイプのようだ」と話す。十三番大日寺までは遍路道といっても国道四百三十八号線、二百七号線との変更点、坂瀬橋より、本来の遍路道は二十一号線に入り広野から番外霊場、建治寺を経由するのだが、私達はそのまま直進二百七号線への一本道のコースをとる。鬼籠野と書いてある地名を僧侶が「おろのと書いてあった」と教えてくれる。難しい地名でも現地に行けば結構覚えることができるものだ。

ここで三人、正式の自己紹介を仕合う。僧侶は「長崎の小さなお寺の住職、Y・N、三十二歳」、女性は「四国の新居浜、H・K、無職、二十八歳」、私が「広島の呉、渡辺安広、ホームヘルパーをしている、五十一歳」と述べると、二人共驚いていてもっと若いと思っていたようだ。三人で歩いていても道の分かりにくい場所は地元の人にたずねての歩きであるが、田舎道のこと、聞いた信号に、なかなか着かず、はるか先、大日寺に近い所の場所であったり、これはこれで役に立ったが、三人、口を揃えて「教えてくれた信号はこのことだ、これを左に曲るのか」といったようなこともあった。十時三十分、十三番大日寺に到着、境内に入ってからは、それぞれお参りをするが各自バラバラの行動、僧侶は本堂回りの土を、片手、手のひら、一握り分くらい集めてビニール袋に詰めている、十ヶ寺分になれば自宅（寺）に送るそうだ。自己紹介の時、遍路への動機までは話さなかったが、僧侶は八十八ヶ寺のお砂を自宅（寺）に集め檀家の人に触れさすのだとは話していた。責任は私達より重く本業の延長な訳だ。K嬢（ここより彼女をＫ嬢と記す）は寺から寺までの経過時間を克明に記録している。私だけは二人と違い道中何もしないが、宿に着いてからその日の出来事を想い出し、感想、一日ごとの進み具合を楽しみながらノートにまとめている。このときは、私にとって一番心和らぐときであり、一日を有意義に過ごせたという満足感と共に明日のことを想像する至福のときでもある。

十七番井戸寺では山門、入り口前、左手にイチゴ一パック百円で売っていた。量も多い、農家が採れたての新鮮なイチゴを台の上に並べて売っているのだ。

三人すぐにでも食べたいのを我慢し、参拝後にしようと、売り切れを心配し「後で買うからしまっといて下さい」と頼むと「奥にまだたくさんあるから大丈夫ですよ」との女性の返事。境内で京都よりの初老の男性と何度目かの出会い。「今回はここまで、今から京都に帰ります」とのことでお別れをする。

参拝後、十四時三十分過ぎ、三人一緒で十八番恩山寺に一番近いビジネスホテルに宿を決め予約を入れる。私が若い時、旅行で利用した宿にも電話をしたが予約がとれなく少し残念だが仕方ない。山門より出るとき、イチゴを思い出し各自一パックずつ食す。新鮮な味はどこか違う、遍路道を歩いていると何か良い匂いがする。何だろうと思うとハウス栽培のイチゴであり、何度か食べてみたいと思ったもの、三人美味しいと満足する。

私達が食べてる間にも近所の人が次々に買いに来る。常連さんもいるようで「新鮮だから美味しいでしょう」と同意を求められる。
これより宿までは、眉山の裾をグルーッと回り九km先、途中何度かの飲み物休憩、街中であり疲れたであろうK嬢に「ショッピングのつもりで歩けばいいと思うよ」とアドバイス。「そうよねショッピングだといくらでも歩けるものね」との返事。

初めての三人での歩き、ある程度の緊張、違ったペース等があるのと、そこそこの距離もあり、三人ある程度の疲れを持った状態でビジネスホテルに着く。遍路にビジネスホテルが似合わないと思うのは私の歳のせいだろうか。夕食は二階の喫茶店でとのこと。取り敢えず各自部屋でくつろぎ、汗を流し、洗濯、天気が良いと部屋の中でも十分に乾く。夕食の時間は事前に決め一緒に食事。二人は前日の宿でもビールを飲み、今も下に見える居酒屋へこの後ビールを飲みに行く話をしている。二人は相当いけるようだが、私は下戸であり話し相手になれない。

食後、私は軽い夜食を買いに街に出る。その後、明朝の相談に行くも二人はまだ帰って来ず、暫くすると外で声、二十一時過ぎくらいか、遅くに帰って来たのには意外と思ったが、若いから、暑い一日を歩き終えた後、それも良いだろう、明日の活力になれば。

三十二km

初めてのお接待（五月十五日）

七時よりの朝食を昨日と同じく二階の喫茶店でとり、出発前のひとときをくつろぐ。K嬢に「よく眠れた？」と聞くと「四～五時間、いつもそれくらい、でも一旦目が覚めると大丈夫ですよ」とのこと、私としては少し心配ではあるが。

七時三十分出発十八番恩山寺に向かう。旧道の少し狭い街中を通勤ラッシュの車を避けながら、三人一列で歩く。歩き出して間もなくの所、一人のおばあさんに千円の接待を受ける。最後尾のK嬢が受け取ったもので、私にとって今回の遍路でも初めてのこと、勿論、生涯でもお金の接待等は初めて。歩き遍路ゆえの接待であり、四国の人にとっての遍路に対する思い入れの一つを実感、肌で感じとる。実際にこのようなことがあるのかと有り難いと思うより驚きの方が強かった。

二人は過去何回か経験しているようで、私ほどの驚きはないようだが「千円も接待してくれて勿体ない」と、暫くは過去の接待等の話を二人で聞かせてくれる。僧侶が一回、三千円位の接待を受けたそうで「托鉢の人よりたくさん貰っては気の毒です」の意味のようなことも話してくれる。

土地の人はお遍路さんに親切にして功徳に与ろうとすることは知っていたが、私にとってこのような人にどんなことをして報いるかを考えざるを得ない。先ずは遍路中だけでも俗人を捨て改めて十善戒（①

殺生しない、②盗みをしない、③邪淫しない、④嘘をつかない、⑤お世辞をいわない、⑥悪口をいわない、⑦二枚舌を使わない、⑧欲張らない、⑨怒らない、⑩誤った考えを起こさない）を守り、私にとっては結願に至ることと思う。今日よりお参りするとき、接待してくれた人への、お礼、安全、健康、幸せを願うことにしよう。十八番恩山寺には十時三十分到着。参拝後、山門を出た所で、今日二度目のお接待を、おばさんより、手作りのビーズを使ってのかわいい小銭入れ「お賽銭入れにでもしてください」と。三人分、一人に一個ずつ手渡してくれる。感激と勿体なさで、今回の遍路ではあまり使えなかった（今も大事に部屋に保管している）。次の機会があれば有り難く使用したいと思っている。接待のお礼としては後から知ったことだが納め札を渡すのが良いと言われている。これも次回遍路する時があれば実行してみようと思う。

三人旅となってからは話題の一つとして脚（足）の話が出る。特に私が膝を痛めているのを知っている為、二人がいつも大丈夫かと心配してくれる。今のところは何とか持っている、下り坂の時少し辛いときがある以外は。

僧侶は五十一番石手寺より巡っており足の裏は豆の上に豆ができた状態、膝も痛めているとのこと。お寺でもあまり歩いてなかったとのことで大変なようだが、若さで荷物の重さもカバーしているようだ。K嬢も膝、くるぶし等同じよう痛みがあると。私に至っては左膝に爆弾を抱えた状態、階段の昇降、下り坂の歩きが膝に応える。その他は急激なショックを与えない限り今のところ問題はないが、多少の違和感はある。特に就寝時、左脚を仰向けにして伸ばしては痛くて眠れない状態が続いていた。左脚だけは少し曲げたり、横にすると痛みがなく、その状態にして寝ついていた。

僧侶の使用していた、エアーサロンパスは効果大、併せて三人サポーターを買おうと一致、山門前の薬局で私はエアーサロンパス、サポーターは全員購入。僧侶は両膝、K嬢はかかと用も購入。私は早速、左膝にはめてみたが確かに膝の安定を感じる。これで少しでも膝への負担が軽くなればと願う。

幸い足の裏の豆は一切出来ず、二人共ただ驚いているが、私はジョギングに使っているシューズを履いており、これだけは自信がある。

十九番立江寺お参り後、前回K嬢が利用した喫茶店で昼食、八十八ヶ所の中で難所の一つとも言われている二十番鶴林寺を前にして鋭気を養う。鶴林寺宿坊への予約を入れるが夕食は出来ないとのこと。途中スーパーで夕食の買い物、カップめんとパン等、二人はしっかり缶ビールを仕入れている。

鶴林寺まで十三・七㎞、生名登り口からでも三・三㎞の急勾配の上り、生名までも遠く川沿いをただ歩き、店に寄っては生名までの距離を確認、休憩した後、K嬢が金剛杖を忘れるハプニングもあり、地元の小学生の男の子とも生名近くで一緒に遊びながら歩く。

生名よりの急勾配の上り坂に入るとK嬢が遅れだし「登りは苦手です、すぐに息が切れる」という。

私は若い時の山登りの経験を「平地と同じように歩いては駄目、坂道の上りは足の裏全体を地面に着け、曲げた膝を屈伸と同じように伸ばすだけ」と教える、「それを同じペースとすれば楽になる」と。Ｋ嬢も「息が切れない、楽になった」と喜んでもらえる。しかしいかせん坂が長い。Ｋ嬢から私達に「先に行ってください」と頼まれる。このままでは十七時の納経には間に合わない。私がＫ嬢の納経帳を持ち先を急ぐ。僧侶は本人に任せ、私のペースで上り、十分前に到着、僧侶も何とか間に合う。Ｋ嬢は十五分くらいの遅れで到着したが割りと元気そうであったので一安心する。参拝、納経を終えた頃より雨が降り出し、それも本降りになりだした。納経所より階段を降りてすぐの宿坊玄関に雨を避けながら飛び込む。奥さんに部屋を案内され、ジュースの接待を受ける。この時のジュースの美味しかったこと、一気に二～三杯、三人で大きなペットボトルを空にする。

Ｋ嬢の声がするのでそちらを見ると、焼山寺途中の柳水庵で一緒した、野宿を主としている男性も泊まっていた。懐しく私も声をかける。風呂でも一緒し、愛媛の男性で五十歳ですと話され、野宿する場所は色々、河原であったり海岸では砂浜であったりと話してくれる。都合で宿にも泊まるそうだ。

今日は宿坊への泊まり。私は初めて、Ｋ嬢は何度も利用しているらしく、「宿坊が一番いいですよ。設備、料理もいいし、値段も五千二百五十円で一定だし、安心して泊まれるし」という。Ｋ嬢のいうように宿坊の利用をもっと考えての遍路も楽しいのではないかと思う。夕食はないので各自用意した物で済まし、ビールと私はお茶でくつろぐ。そのとき、菅笠の話題となり、僧侶と私達のでは、あごひもの違いがあり一部ゴムも使っている。僧侶の教えであごを包むように作り直し、僧侶と同じよう安定したものにする。

これで少しの風ぐらいでは菅笠のとれるようなこともなくなるだろう。

この大きな宿坊にたった四人の泊まり、静かな宿になりそうだ。到着してからの雨がまだ降り続いている。明日の二十一番太龍寺への距離は短いが、きつい下りと上りのコース、雨と共に膝が少し心配だ。

二十八km

暴風雨（五月十六日）

初めての宿坊での夜明け、昨夕からの雨はまだ降っており、木々の揺れで風の強いのもすぐ分かる。二十一番大龍寺へは、六・五km先、三百六十mほどの下りと上りが待っている。宿坊に泊まった場合のお遍路さんのおつとめを四人で六時より大師堂で行う。

お参り後、住職の「生憎の雨ですが用心してお参りしてください」との言葉をいただいた後、隣の部屋で朝食をとり、初めての本格的な雨仕度をして、七時三十分出発、高所の為でもあろう、風雨とも強く合羽もあまり役に立たない状態。若い時、同じく今日のような日であった、同じ四国の石鎚登山を想い出す。年の数と登山の経験だけこれくらいの風雨は平気であるが、二人には多分初めてのことだろうと思う。このような時、私から先々進もうとはいえない。二人のペースに合わせる方が良い。暫く下った後、民家の間を下り道路に出て、那賀川に架かる橋を渡り、今度は上りに入る。

この頃より雨が一段と強く、大龍寺近くでは又風が強くなる。二時間三十分ほどを要しての二十一番大龍寺への風雨の強い中到着する。納経所にて私が探し求めていた、例の『遍路一人歩き同行二人』の本が売ってあり手に入れる。これまでも各お寺で探してみたが売ってなかった。二人ともこの本のことは随分気にしてくれており、一時は必要な所をコピーしようかともいってくれたが今日に至ったものの、二人と同行することでたちまちは必要ないかも知れないが本を手にし安堵する。

ところで、これではとても予定の二十三番薬王寺までは行けない。大龍寺ロープウェイ乗り場でお茶の接待を受け休憩していても、待機中のロープウェイ、ゴンドラが風に揺れている。それでも下より参拝者の一団がやって来た。この後まだ運転するのだろうか？

二人はこれ以上進むことを止めたようで地図を見ても薬王寺までは宿もなく仕方ないが四・三km先の宿に予約を入れる。

K嬢いわく予約を入れた時宿の主人に「今から街に食事に行くので玄関から入って待っていてくれ」

といわれたとのことで、若干雨脚の弱くなった山道を下る。この宿はK嬢が前回利用したことがあり、主人の人柄の良さ、風呂の大きさと温泉であること、料理の美味しさで気にいってる所だと言う。K嬢の話によると前回、料金の払いを忘れ出発し、先の場所より郵便で送金したことがあり、そのとき主人は気がついてなかったようなことがあって反対にお礼をいわれたことがあったそうだ。

十二時四十五分宿に到着、先に二人が玄関に向かう。「自動ドアが開かない」と戻ってくる。おかしいな、そんなことはないと思いながら、私も自分では確認せず、宿入り口前の納屋で主人の帰って来るのを待つことにする。少しは弱くなってはきているものの、風雨の残る中、三人濡れた身体で腰を降し雑談しながら只主人の帰りを待つ。二人のことが心配になる。K嬢は「何ともない」と言うが、僧侶は「少し寒気がする」と。K嬢が「下着を替えたら」と、「大丈夫」とは僧侶。イライラしながら待っていると、通いらしい軽トラックがやって来た。「主人はいつ頃帰って来ますか？　玄関が開かないんですが」と聞くと「玄関は開きますよ」と一言、それを聞いて私が玄関に立つと、自動ドアがスーと開く。さっきのはなんだったのかと、K嬢「立つ位置が悪かったんだね」と一応納得、間の悪いときにはこのようなこともあるんだなと思い、兎にも角にも玄関に入り荷を降している時、主人、奥さん、手伝いの人達が帰って来る。K嬢はこの宿の主人にいたく惚れ込んでおり早速、挨拶。前回の「料金を後から送った者です」と話していた。聞いたとおり人柄の良さそうな人で、私達の濡れた靴の中に入れなさいと新聞紙を持ってきてくれる。部屋に入り、風呂の準備ができる間、各自洗濯、乾燥と忙しい。風呂も温泉で広くゆったりとした気分で、汗と雨に濡れた身体を洗い温める。

玄関横、額の中の写真に俳優萩原健一の遍路姿が宿の人と一緒に写っている。この宿を利用したことがあるのだろう。

テレビをつけてみると大雨がこの辺り、徳島、室戸に四十〜五十m/m降ったと流していた。「台風並の雨ですなー」、主人と来客の会話。ただただ明日の天気の良くなることを願うばかりだが、夕食前の今も風雨が続いている。夕食もK嬢のいったとおりの御馳走で、手がかかっているというか、私達の他にも二十人ほどお遍路さんがいたが、お手伝さん含め全員で私達に御馳走してくれたわけだ。

夕食後、私達の部屋で空けたビールの缶が二人で四〜五本、K嬢「家では飲まないが遍路に出ると酒、煙草が欲しくなる」と。

僧侶がそれを聞いて「遍路が終わると不良姉ちゃんになっとるで」と笑わせていた。

相変らずテレビでは徳島、高知の大雨被害情報を流し全国版でも放送されていた。

十・五km

会館借り切り（五月十七日）

徳島県最後のお寺二十三番薬王寺までの予定だ。靴も新聞紙の効果大、中まですっかり乾いている。今回私は靴は一足のみ、二月より履きだしたジョギング用の物だ。僧侶も私と同じ、K嬢は軽登山靴だ。理想は山道、平地と履き替えるのが良いのかとも思うが、手間となるし荷物にもなる。今回はこれで正解だと思う。一応履き慣れた靴だし、雨が降った場合濡れて中まで水が入ってくるのは仕方ない。歩くのには全く支障ないし、どんなに濡れようが新聞紙を入れておけば一晩で朝までには乾く。二回ほど入れ替えれば完全で、新聞紙も少し小さ目にし、五～六個のかたまりで靴の中を一杯にするようにすると尚良いと思う。K嬢のいったとおりの良心的な宿を後にし、昨日とはうって変って雨の上がった青空の中を出発する。雨は上がったものの道路の至る所、山、崖からの水の流れで小さな川のようになっている所があり、折角乾いた靴が又少しずつ濡れてくる。僧侶と二人、最初は避けていたが、天気の良いとき少しくらいの濡れは自然に乾いてくれる。後は関係なし一直線だ。

先ずは二十二番平等寺へ、遍路道での農家の前より小さな大人しい犬が厳しい山道をいつまでもついてくる。これまでも遍路について行き餌等もらったことがあるのだろう。途中雨上がりの水の流れにいる小さなカニを食べようとしていたり、野良犬だろう。平等寺に近付き人の気配がしだした頃、気付かぬ間に姿が見えなくなっていた。又元の場所に戻ったのか？

昨日の雨上がり後の見回り点検だろう、田の畔道に地元の人の集団が見える。私達が見たのでは分らない被害があるのかも知れない。平等寺に近付くにつれ、田の回りの道路が泥水を被ぶっている。七・七km余りの遍路道、一時間四十分ほどで二十二番平等寺に到着、山門より境内に入っても雨の被害、見た目には分からなかったが、参拝の為、本堂に行くと左手の裏山が崩れ、土砂が歩廊に乗っかかり本堂を押し潰さんばかりになっている。最初は驚き、雨の凄さを思い、これくらいで済んで良かったとも思う。僧侶は現実として捉え、我が身に置き換え、土砂の撤去、修繕のことまで、ブルも入れないと当然いけないだろうと心配していた。

境内に戻ると、納経所、隣のトイレが使用中止、境内はプールのようになり歩けなかったそうだ。山門を出て階段を降り、自動販売機にお金を入れるも使用不能、階段の二段目くらいまで水が溜まり販売機もつかったようだ。

これでは前の民家の被害が予想されるが、二十三番薬王寺に向かうべく民家の前を通ると、悪い予想が当り、おばさん達が床下浸水した泥水、ゴミを掃除していた。

その先の川では大きな橋の一部が壊れ落下していた。僧侶の「昨日無理しなくて良かった。ここを通っていたらどうなっていたか」が全てを物語っている。五十五号線突き当り前で小休止、その国道に入ると、暑さがアスファルトのはね返りと共に、上から下から私達を襲う。車の騒音、排ガス、山道に比べ条件は良くない。これは今から経験するアスファルト地獄のほんの序章に過ぎなかったのだが。昼食は国道脇の小さな茶屋に入り、僧侶の勧めで徳島名物のタライうどんで決まり。うどんを小さなタライに入れたものだが、外の暑さもあり冷うどんを注文、なかなか美味しく、さわやかな涼風を味わう。

ここでも僧侶は大盛りを注文、全ての食堂で大盛り、確かに腹は空くがよく食べ元気が良い。食後のコーヒー、夏みかんを接待される。それぞれに納め札を置いてお返しとする。捕まえたという蝮の入った蝮酒を見せてもらい出発しようとするとき、前夜同宿の夫婦二人連れがやって来て同じく薬王寺までという。トンネルを五つほど過ぎると、大きな門前町が現われ、その右手が二十三番薬王寺だ。今日の泊まりの薬師会館は小さな川を挟み、ほぼお寺の前にある。仁王門に入る前の右手の建物が納経所と売店になっている。

仁王門を入って桜参道を行くと三十三段の女厄坂があり、登ったところが絵馬堂。つづいて四十二段の男厄坂がある。この階段は遍路がまいたと思われる硬貨がちらばっている。男厄坂を登りきった正面に本堂、左に大師堂が建っている。これまでと同様、境内に入ると別行動、参拝後それぞれを待って一緒に納経所に戻る。荷物を預かってもらい、お寺の正面となる商店街で買い物。スーパーにて、牛乳、ペットボトル入りお茶、スポーツ飲み物の粉末を購入する。ペットボトルは僧侶の勧めで水筒替わりにするのだ。暑くなると必需品になると、これまで水分の補給はそれほど必要と感じなかったが、今日のような暑さ国道となると絶対必要になる。帰り道二人は酒屋にも寄り、焼酎の品定め。焼酎、氷を買い入れる。会館は新しく立派、今日の泊まりは三人のみ、十二畳の部屋のそれぞれ一人という豪華さ、風呂は僧侶と二人で入ってもゆったりしたもの僧侶はここまで伸ばしていた髭を剃り落とす。「どうですか」と聞かれ、「若くなったかな」と返事をする。K嬢には髭のあった方がよかったと冷やかされる。私は髪も長いし髭も剃らずにいる。歩いている時K嬢に「芸術家に見える。陶芸でもしたら良く似合う」といわれ、二人には「スポーツマンという感じがする」とも口にされ、初めてのこと黙って聞いて、「そうかなー」と軽く受け流し歩を進める。

夕食も大食堂で三人の借り切り、今日の夫婦もここに泊まれば良かったのにと残念に思う。お茶が美味しく銘柄をたずねると「阿波番茶です」という。車であれば買って帰るものをと思うが仕方ない。

夕食後は私の部屋で三人ゆっくりくつろぎ、二人の焼酎談義に私はお茶で付き合う。

二十八・四km

同行最後の日（五月十八日）

本堂での六時よりのおつとめの為、そぼ降る雨の中、傘をさし会館を出る。昨日とは全く違う誰もいない静寂の中、三人で階段を上り静かな境内に入る。本堂での朝のおつとめ、一番乗りという感じ、大きなお寺を占有しているという気持ち。それより何より、何故か気持ちが落着き、今正に遍路をしているのだという感慨がビシと湧いてくる。おつとめの後も雨の止む兆しはない、昨日の快晴が嘘のよう、細かい雨であり大したことはないが、合羽を着て、七時二十分発、午後には雨も上がるとの予報。二十四番最御崎寺までは八十三・四km余り。行ける所まで行く他ないが、せめて半分くらいの距離は行きたいと思う。出発して暫くすると前を行く昨日の夫婦に追い付く。別の宿に泊まったようだが、会館の話をすると羨ましがっていた。

Ｋ嬢がある本堂での出来事を話してくれる。「納札箱の中を探し回り、その中の札をとっていた人がいた。そんな人の気が知れない」と。私は見たことはないし、気を付けてもいなかったので気付かなかったのかも知れない。詳しいことは後から知ったのだが。

納め札には遍路した回数により決まった色が付いているのだ。私達のように初めての人は白札で一～三回、青札は四回以上、赤札は八回以上、銀札は二十五回以上、金札は五十回以上、錦札は百回以上の人が使う。その色の付いた札が目当てなのだろう。人の業が憑く恐れがあるからこのようなことはしない方が良いと私は思うが。

十一時前、昼食にすべく街中で食堂を探しながら歩いていると、焼山寺で一緒した野宿が主の男性と出会う。二日前の大雨の時は被害の大きかった平等寺の近くにいたという。詳しいことは聞かなかったが、どのような目に遭ったのか。私達は食事の為、先を急ぐ男性とはすぐに別れる。十三時近く弘法大師と鯖にまつわる伝説のある寺、鯖大師参拝に寄る。時間のずれはあるものの、先ほど別れた男性、夫婦連れ二人、皆ここで一緒に揃った。夫婦は私達が出発しようとしたところへやって来たのだが、「昼食は？」と聞くと、「まだ食べる間がないんよ」と奥さん。私達三人揃って、「早く食べた方がいいですよ」とついいってしまった。しかし歩き遍路をしている人の中には距離を稼ぐ為、昼食抜きの人もいるとのことなので、このことに関してはあまり詮索しない方が良いかも知れない。

この鯖大師本堂内の後部に続く通路には、四国八十八ヶ所の本尊と踏み石があり、更に奥には立派・豪華なものとなっており、一見の価値大と思われる。私達の目指す宿があと五km となる所では皆かなり疲れており、コンビニ前で小休止、軽い物を腹に入れる。宍喰の宿に着いたのは十七時三十分、国道より二km も離れており疲れた身体には大変であったが、景色は絶景、街とも離れ静か、身心共いやされる。

夕食時、私は二人に「明日より一人で遍路しようか思っている」と苦しい心の中を打ち明ける。いつかはこうなる日が来るし、ここのところ、いつより一人になろうか考えていて、私なりの判断で明日よりが最良の日と思ったのだ。こんなにも別れを告げるのが難しいとは思ってもいなかった。しかし二人共しっかりしており、別れることに対して躊躇することはなかった。その点は安心できた。

今日までのことは、今回の行程に於いて貴重な体験、決して無駄とは思っていない。色々なことを教えてもらい、決して忘れることのできない素晴らしい五日間だったといいたい。もし結願したならば、この五日間は量り知れない重要な意味を持つかも知れない。

一人歩きの目的が一番であったが、自分のペースで歩きたいことも、先の予定を考えると、明日より広い高知に入る。梅雨入りする前にも距離を稼ぎたいと思っての考えである。これまで、無理をしなかったお陰ともいえるが、膝の状態がほぼ良くなったのも一つの理由。僧侶は五十一番から始めており先は見えている。Ｋ嬢は「四十番から先、体調次第で今回はどうなるか分からない」ともいっていることだし。

Ｋ嬢の「マラソンをやっている渡辺さんには物足らないかも知れませんね」との言葉。同行したときより、いつか今日の来ることは予想されていたが二人共快く了解してくれる。

三十七km

第二章　高知県（土佐の国）『修行の道場』

16札所（約408km）5月19日～5月28日

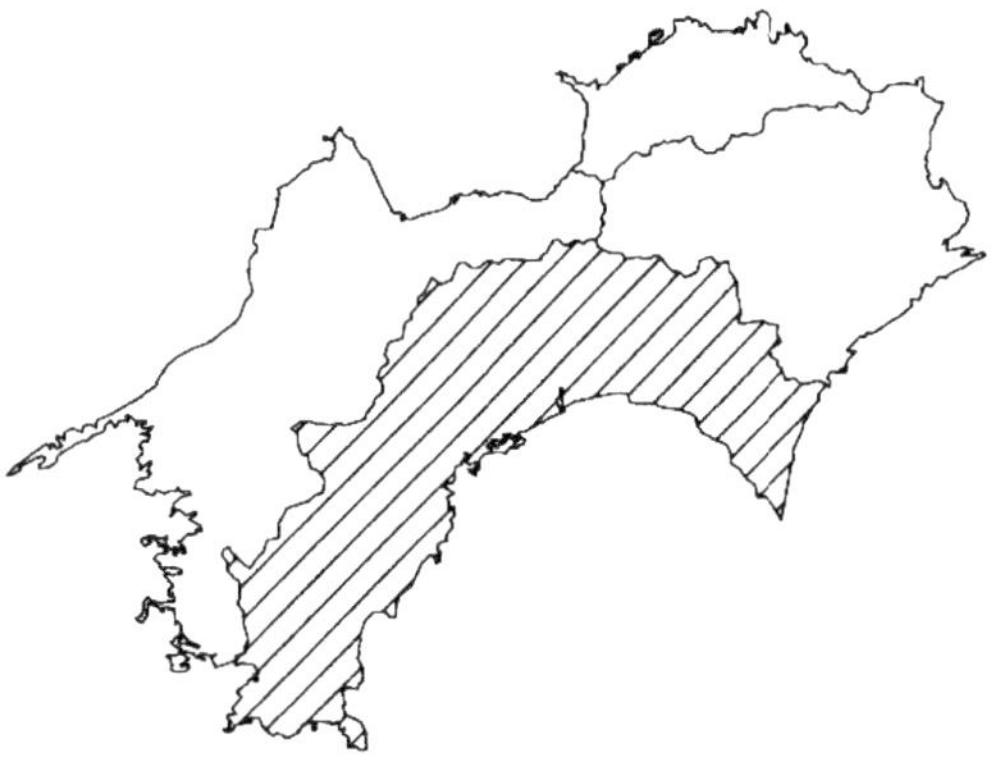

第24番	最御崎寺	室戸市室戸岬町
第25番	津照寺	室戸市室津
第26番	金剛頂寺	室戸市元
第27番	神峯寺	安芸郡安田町唐ノ浜
第28番	大日寺	香美郡野市町母代寺
第29番	国分寺	南国市国分
第30番	安楽寺	高知市洞ケ島町
第31番	竹林寺	高知市五台山
第32番	禅市峰寺	南国市十市
第33番	雪蹊寺	高知市長浜
第34番	種間寺	吾川郡春野町秋山
第35番	清滝寺	土佐市高岡町清滝
第36番	青竜寺	土佐市宇佐町龍旧寺山
第37番	岩本寺	高岡郡窪川町茂串
第38番	金剛福寺	土佐清水市足摺岬
第39番	延光寺	宿毛市平田町寺山

修行僧（五月十九日）

今日より再び一人遍路となる。八十八ヶ所巡りの中でも、最も広い高知県入りだ。しかしその割りにはお寺の数が一番少ないということは、寺から寺の距離があり歩く時間が増えるということだ。天気も予報では一週間良いようだ。距離も稼げる所、稼げるだけ稼ごうと思う。二人とはこれで最後の食事となるが、別段別れといってもいつとも変らぬ会話。朝食終了前、納め札での住所交換をする。七時十五分先ず私が先に出発。僧侶、K嬢もそれぞれ前後して出発するという。昨日後半よりの良い天気が続いている。昨日に増して、今日の天気は更に良く正に夏を思わせるようだ。この暑さの中、延々続く海岸線を二十四番最御崎寺に向かって歩く。入木迄十八km三時間で到着、五日振りの一人歩きで気負いがあったのか若干の疲れがあり、少し早いが休養も兼ね昼食をとることにする。

食堂のおばさんに「もしかすると僧侶か女性が寄るかも知れません。もし寄れば私がいつに出発したか教えて下さい」と頼み、三十分くらいの休憩で出発する。

単調な海岸線をただ歩くだけ、前方に見える海岸線を走破ならぬ歩き通し、又次の海岸線が現われたら歩き通すの繰り返し。車が思ったより少なく安心して歩ける。

延々と続く眼前の道路と青い広い海、岩に砕ける波とうを眺めながらの距離稼ぎである。真夏の太陽かと思わせる照りつけであるが、菅笠と白衣が気持ち太陽光をはね返してくれる。日陰が一切ないのだ。一本の木の陰に入り、お茶を飲み、汗を拭く。ガードレールに身体をもたせての休み、先は遠く五分位で出発。どこまで続くのかと思われた海岸線が切れる頃、右側の山道の遍路道に入り若干の上りを終え、十六時三十分過ぎ二十四番最御崎寺に到着。納経も間に合ったが、ふと二人と一緒だとどうなっていたか考えてしまう。これまで、一人旅の多かった私としては、やはり一人の方が性に合ってるのかも知れない。二十五番津照寺、入り口近くの宿に予約がとれたので、四十km余りを歩き脚の疲れはあるものの、十七時より六・八km先を目指し再び歩き始める。津照寺への道中、高さ二m余りの塀が延々と続く。所々短い箇所もあるが、これが台風の風避けとはすぐ分かるものの、その塀の内側にヒッソリと建っている家を見ると、この辺りの環境の厳しさが感じられる。初めて目にする光景、コンクリートの切れ間から中を覗いたりの気分転換を図りながら、十八時十五分宿に着く。

少し遅くなったものの快く迎え入れられ、部屋に向かうとき、回りがいやに騒々しい。警察関係者の宴会だという。いつ頃終るのかを心配したが、風呂から上がると終っており一安心。これでゆっくり休める。

風呂の中で、遍路に出て今日まで続けている、脚（足）をシャワーで冷やしていると青年が入って来た。暫くして湯船の中から「遍路されてるんですか」と声をかけられ、話をすると、福島より遍路に来ている僧侶で、番外霊場を含め、八十八番大窪寺よりの逆打ちを行っているという。

道しるべや案内図等は、ほぼ順打ちに則り標示されているから「逆打ち」は不案内な条件が重なるので多くの苦労や困難を伴うといわれている。僧侶ゆえ、情報の入ってくることは想像出来るが、それにしても初めての遍路で逆打ちとは、若さゆえといえど感心する。これまでの苦労を労いたいと思う。

逆打ちで、明朝二十五番津照寺へ参り一番霊山寺へ向かうとなると、残りの方がはるかに少ない。心より結願を願う。

夕食を一緒し、私がこれから向かうコースの疑問点、方法等の質問にも親切丁寧に答え教えてくれる。

「一日一食、夕食のみで酒は飲まない」という。修行として取り入れているのか？「でもジュース類は多い時では十本位飲みます」という。確かに暑いときの水分の量、喉の渇きは半端でない、二〜三リットルは軽く飲めるだろう。「朝食をとらないのは宿代が安くもなるし、早く出発出来るからです」と、「野宿も出来る用意をしているが、今までに不用の物は全て送り返した」ともいう。逆打ちに於ける、番外霊場を含む遍路行の厳しさが、思い窺える。

ところで、今朝宍喰で別れた二人はどこまで歩いたのか。十七時まで二十四番最御崎寺に来なかったところをみると三高辺りで宿をとったのだろうか。

四十七km

遍路泣かせ（五月二十日）

四国に入って十日目。

遍路準備資料の新聞記事のある文章に、――宿の奥さんの「歩き始めて一週間が勝負。そのまま歩き続ける人と、家に帰る人に別れるんですよ」――。

一週間は過ぎており、家に帰る考えもないが。相変らず就寝時の左膝の痛みは少しあり、熟睡出来ないときもある。この先、何か起きるかも知れないが歩き続ける気持ちだけは変らないと思う。今日はコースが割りと簡単なので距離を稼ぎたいと思う。昨日は福島の僧侶に貴重な教えをいただいたので有効な手段にしたい。二十五番津照寺は宿の隣にある感じ、室津港の傍でもある。六時過ぎ山門に入り、百二十五段の階段を上り、本堂でのお参り、階段の掃除を初老の男性が行っている。近所の人のようで、挨拶と二十六番への簡単な情報をたずねる。再度宿に帰り朝食、荷物を持って出発、七時よりの納経に向かう。

僧侶と一緒になり、昨日の礼を述べる。僧侶は黒衣に黄色の袈裟という姿、この暑いときは大変と思うが、これも修行のうちか。

僧侶の「今日は室戸より二十km先の民宿泊まり、この民宿は情報で何かにつけて良いと聞いているので、休養に当てます」という。ゆっくり休養し、疲れをとり、結願となることを願い、心よりのお別れをする。

二十六番金剛頂寺へと向かう。四km近く国道を歩き、短い上りで到着。

次は二十七番神峯寺へ向かうのだが一・八km余りの遍路道、田の畔、民家の間の道を下っての国道に出る。畔道、山道の二ヶ所で蛇に出会う。暑いので蛇も活発になり日光浴か、いずれも湿気のある場所。幸い毒蛇でないので安心だが、草むらや、蛇の居そうな道を歩くときは金剛杖が必要と思った。

国道に出てから二十七番神峯寺へは約二十九kmの長程、神峯寺入り口よりの四kmは急坂を上ることになる。

事前調査では遍路泣かせの〝真っ縦〟といわれる、四十五度の急勾配になり、並の足で二時間かかると書いてある。正に登山の印象、膝のこともあり一番懸念していた場所であり、金剛杖を持たず両手を空けた方が良いのではとのきっかけになった場所でもある。

国道沿いの遍路道の途中、昼食の買い物に入った小さな店で、パン二つの接待を受ける。お礼に宿での頂きもののタオルを差し上げる。接待された時のお礼は何にしようかと考えていたもので、土産物、頂きものではあるが、たちまちの気持ちを早速実行に移したものだが。海岸線に出てからは昨日と全く同じ光景。青い空、海、暑さも変らず我が身に試練、苦行を強いる。昼食をとるべく、道路端の空地で休んでいると、愛媛県ナンバーの老夫婦二人の乗った車が同じく休憩に入って来て、私の姿を見るとミカン二つを両手に持って来てくれ接待される。

暑くて喉の渇いている時、飲み物はあるのだけれど、本当に有り難く嬉しい。違った味での心身を潤してくれる。歩き遍路ゆえに受ける接待であるが、歩きながら接待について考える。遍路をしていると全て接待される側になる。四国の人は自然に接待をする。先祖よりの受け継がれて来た、長いお遍路さんとの交りの中で生まれてきた文化と思うが、改めて自分がどれだけの人に日常、接待の心を持って接してきたか考えさせられる。接待されることにより、接待する側の考えに思いが及び、我が身を振り返ることができた。

おばあさんにミカンを接待されたことから、接待とは何ぞやと。ボランティア、福祉に考えが及び涙が出そうになるが、接待の心がこれらの原点になるのではないかと思う。神峯寺入り口に到着、一軒の理容院にリュックを預かってもらい、納経帳、判衣、お茶を持って往復コース、四km先の神峯寺へ向かう。五百m付近より上り、上るにつれて勾配は急になる。所々、山道の遍路道を上り、頂上直下資料通りの急坂となり〝真っ縦〟を実感しながらの登坂中、十二番焼山寺で会った「遍路歩きを終えたら今度は托鉢をしてみなさい。又違う世界がみえます」といってくれた、上から降りてくる修行僧に出会う。

「もうすぐですよ」の一言に力を得ての二十七番神峯寺に到着する。

ここでもマイクロバス等の団体に出会い、大師堂では一緒にお参りもさせていただく。納経所での「歩き遍路さんですか。御苦労さんです」の一言は心身の労いにも、次への活力にもなる。宿も十九時までには着かないといけない。膝に爆弾を抱えている身としては下りの方が辛い、それもアスファルトの方が。土の遍路道の方が楽である。急坂を上る時、ジグザグに上る人はいるが、遍路道は下りでもジグザグに下らないといけないくらいの坂がある、K嬢は坂を下る時よくジグザグで下っていた。ここの坂が正にそれを必要とする坂だった。

途中、無人販売所のトマトを二袋買い、一袋はすぐに食したが、最高の美味しさ、厳しいお寺の参拝後という安堵感がもたらした味ともいえるが。一袋はリュックを預ってもらったお礼とする。

更に四km先の宿を目指し、国道入り口より六百mの上り、疲れ切っての上りは結構きつい。十八時二十分、遅い到着となる。先ずは風呂に入るが、暑い中の一日の歩きでほてっている身体の状態では、この温めの風呂の湯が非常に良かった。

四十一km

無料接待所（五月二十一日）

宿を五時四十五分出発、初めての朝食抜きだ。それというのも宿のある三十番善楽寺の先まで行くとなると五十km の道程になる。次の二十八番大日寺までも三十km、その先には地図上では宿がないのだ。二十八番先に個人の無料接待所があるにはあるのだが、目標は五十km先におくのは当然で結果はやってみてのことだ。この道は安芸を過ぎる頃より、国道の海側に国道と並行して自転車道が延々十四km も続いている。自転車道への入り口に気付かず国道を歩き続け、八時前、道路脇の食堂に入り朝食をとる。おばさんに自転車道への入り口をたずねると「丁度いいですよ、この食堂の横を海側に行くと入れますよ」と、そのとおり路地を海側に少しの階段を上がると自転車道になっていた。車に煩わされることなく快適そのもの、生活道路となっているのだろう。休んでいる老人たちと挨拶を交したり、若者のサイクリング車に抜かれながらの歩き。この道より眺める、雄大な海、広大に広がる砂浜、私の住む瀬戸内海では絶対目にできない。そこに点在する釣り人の風情も格別、初めて目にする光景であり心揺する。

そう絶好のシャッターチャンスなのだ。カメラに趣味のある我が身としては心がウズウズ、しかし今回は目的が全然違うので諦めるしかない。しかしこれまでも、何度かシャッターチャンスを探している自分に気付く。遍路中は俗世間のことは考えず又忘れることだといわれればそれまでだが、撮りたくても荷物の重さの関係でカメラは携帯していない。しっかり心の中に撮りとめておこう。歩き遍路に荷の重さ、不用の物は致命傷になる。歩けること、歩くことが大前提なのだ。昼は赤岡町手前の食堂に入る。ペットボトルに冷水を下さいと頼むと、娘さんが自家製のお茶のペットボトル入りを接待してくれる。奥さん、娘さんにも心よりお礼を述べ、外に出て、暑さの中でも元気が出る。

十三時三十分、二十八番大日寺に到着。参拝、納経を終え、私一人納経所の僧侶にこれからの予定を話し相談にのってもらう。三十番善楽寺先、距離にして十五㎞くらい迄は宿がない。行こうと思えば行けなくもないが、又コースを外れれば宿はあることはある。

僧侶より「無料接待所を利用しなさい」と勧められる。「これもお大師様のお導きかも知れませんよ」と、私も同意見であるが。

「無料と言ってもどの様なお礼方法が良いか」とたずねてみると「そうですね、無料といっても出発する時にいくらかのお礼をする方が双方気持ちが良いのでは。相場の半分くらいにして、後から来るお遍路さんに使って頂ければと言えばいいんではないですか」と助言される。

はずかしいことではあるが、ここまでのことは思い浮かばなかった。社会勉強をさせていただいた。この無料接待所は以前、K嬢が是非利用してみたいと話していた所であり、はからずも私が利用することになろうとは。

電話を入れると快く受け入れてくれ、納経所でもらった、無料接待所までの自製の地図を頼りに、田園風景の中、橋を越え又田の続く道の左側に無料接待所と書かれた標示があり、出て来た男性に挨拶をする。奥の方では三～四人で工事をしている。入り口左側の部屋を案内され休んでいると、髭を生やした別の男性がやって来て色々話をする。九州の男性、歳は七十前後、野宿での歩き遍路途中か？　そこはよく確認できず、分からないのだが「ここに住み込んで、今工事の手伝いをしている」という。今度は若い女性が「風呂に案内します」と、道路を挟んだ、八十mくらい先の大きな家に連れて行ってくれる。中に入ると、ニラの仕分けをしているおばあさんに笑顔で迎えられ「何処から来られたんですか」と問われる。「広島から来ました」と返事、「ゆっくりしてください」の一言。

風呂から上がり、ここに到着する前、スーパーで買ったイチゴを渡し、工事の後仕末をしている所に顔を出し、初めて主人（都築さん）と話を交す。先ほどの工事は「ここへの利用者が多い時トイレが足りないのでトイレを作っている」と話される。

工事道具を田の横を流れる川の水で洗いながら主人と他二～三人、何処から来たのか何をしているか挨拶代わりの質問をされる。

そこへ年配の女性遍路がやって来た。昨日神峯寺への遍路で上るとき、すれ違った人だ。二階への階段の上りがかなりきつそうで、ここに泊まれて良かったと思う。

夕食は都築夫妻と出迎えてくれた男性二人、それに私と後から来た女性の計六人、先ず主人の山伏し姿の写真が目に入る。食前、食後、全員でのお祈り。男性二人は、食事後の主人の話が始まって暫くして部屋に戻り居なくなった。主人の宗教全般の話、興味あるたくさんのお話を伺ったが完全なものとして記憶してなく、ここに記すことは出来ないが、何でも聞いて下さいとのことで、私の疑問、質問にも丁寧に答えてくれる。「自分でお参りしたものを無闇に人に与えてはいけない。ただし今回の私のように目的が母の為であれば、それはそれで与えても良い」。又明日、「フェリーでの渡しがあり、橋（浦戸大橋）もあるのだがフェリーに乗っても良いんですか」と聞くと、「船は道の延長、当然乗るべきです」との返事。歩きにこだわっていた私の疑問であったが、このようなことに迷うことは無かったのだ。地図にも渡しは本来の遍路道であると書いてある。昔は河川、渓流で橋のない所は「渡し船」に頼らざるを得なかったのだから当然といえばそうかも知れない。女性と夫妻を残し、少し早目に失礼し部屋に戻る。

三十三・五km

早朝での出発も告げておく。

フェリー乗船（五月二十二日）

四時過ぎ、寒さで目を覚し、タオルケットをかけ直し又眠る。出発前夫妻に挨拶に行く。朝早いのに丁度二人揃っておられ、これまでのお礼を述べる。昨日の大日寺での助言通り、いくばくかのお礼の包みを渡し五時四十五分出発する。住み込みの昨日話した男性より「今日は三十三番雪蹊寺まで行けるんじゃないか」との激励を受けて。出発前、部屋の落書帳には、一遍路としての今の心境を綴り、ここの住所を帳面に控える。

昨日から今日にかけてのこの体験だけでも、私の中に大きな財産ができたと思う。自然とここに泊まるようになったことは、偶然といえ不思議と思うし、泊まる予定もしてなかった。二〜三時間歩くのが速かったら利用せずに、素通りしていたかも知れない。お大師さんのお導きと思い、有り難く受け入れて本当に良かったと思っている。

早朝出発を告げたのみなのに、オニギリを作ってくれた奥さん、本当に有り難いと思うと共に私の〝力〟として後押しとなると思う。田んぼの畔道、踏み切りを越えての二十九番国分寺到着。参拝後七時よりの納経を済ませ、奥さんの作ってくれたオニギリにて有り難く朝食を頂く。三十番善楽寺に向かうべく山門近くにて、昨夜同宿の女性と出会う。後二〜三日で大阪に帰るようなことを話していたと思うが、写真撮影を頼まれたので快く応じる。今朝挨拶する間もなかったが、ここで改めてお別れの挨拶をする。

今日も夏を思わせる暑さ、畔道を通り、企業団地を抜け、新しい街並の中を歩く。昨日一時、宿にしようかと思ったホテルの前を通り、遍路道の上り入り口付近で余りの暑さに飲み物休憩、自然の要求には勝てない。

一・五㎞の上りを終え、三十一番竹林寺に十二時少し前に着く。お寺下の食堂で昼食。タクシーの運転手が休んでおり、道路情報を仕入れるべくたずねてみる。三十六㎞先の工事中のトンネルが完成しているか知りたかったのだが、生憎、分からないという。しかし次のお寺までの道順は詳しく教えてくれる。宇佐に至る塚地トンネルのことで地図には平成十年春全面開通と、予定とは思うが赤字で書いていたから確認したかったのだが。竹林寺参拝を終え山門より出た所、一人の老人の遍路がタオルで顔を押さえ涙している。本人のみの何か感極まることがあるのだろう、遍路は人間を自然に泣かす所でもあると思う。三十二番禅師峯寺から三十三番雪渓寺へは八十八ヶ所中二ヶ所のフェリー渡しがあるが、そのうちの一つで本来の遍路道となっている所。種崎より長浜まで、所要時間四分という短い距離の渡しである。十五時四十五分発乗船に間に合わせ、地元の学生たちと乗り込む。フェリー料金は遍路さんは無料、船員に礼を述べ下船、約一㎞余りの街中を抜け十六時過ぎに宿に着く。

宿は三十三番雪渓寺の山門の正面にあり、奥さん、娘さんに迎えられる。奥さんが「やはり三十番で見かけた人だ。多分今日は三十三番辺りに宿をとるのではないかと思い、声を掛けようかと思ったんだが」と話し掛けてくる。

不思議なもので奥さんの思ったとおりになった訳で、初めて会ったのに何か奥さんの笑顔が懐かしそうに思えたのにも納得がいく。

部屋に荷物を置いて本当にゆったりとした気持ちで三十三番雪渓寺へのお参りを済ます。境内の公衆電話で母へ連絡しようとするも〝三〟のプッシュが不良で、継がらず、奥さんに電話が壊れていると知らせる。寺の電話であり奥さんには関係ないのだが。自転車を借り近くの公衆電話で連絡をする。

歩行中、膝の痛みはそう感じなかったのだが、歩き終えて部屋の中での今、やはり痛む。まだまだ無理はできないということか。

宿に到着すると、今まで一日も欠かさず、腰、脚のストレッチを行ない、風呂では冷水で脚を冷やしている。

このお陰と思うが朝、出発時の脚への違和感、疲労は全く残ってなく今日まで続けてこられたと思う。膝の痛みも少しずつではあるが、和らいでおり、一日歩き終えた後の痛みは仕方ない面もあるが良い方の脚は何ともないので、早く良くなるように願うばかりだ。ここでは初めてのことであるが奥さんが洗濯をしてくれる。

私の他には、老夫婦二人の泊まり。主人が部屋にやって来て「徳島の七番十楽寺近くです。田の仕事が少し空いたので、車で遍路に出ている。明後日（日曜日）に帰る予定です。一緒に回りませんか」と誘われる。歩き遍路であることを話し丁寧にお断わりをする。

夜眠る前に外の洗濯物が全部乾いていたので自分で取り込み眠りに就く。

三十三・四km

リュックを預けて（五月二十三日）

五時近く目は覚めていたが、二度ほど揺れのある地震があった。今日は宿の関係で三ヶ寺お参りをして四十km先を目指そうと思う。変更があるとすれば、三十六番青龍寺への宇佐大橋のふもと（宇佐側）の宿になるかも知れない。五時三十分過ぎ奥さんにオニギリを作ってもらい、見送りを受け三十四番種間寺に向かう。今までにも思ったことだが、農家の人の早起きには改めて驚かされる。私たちとは生活が違うから当り前かも知れないが、早朝の出発でも、田、畑、ハウスどこか必ず誰かと出会う。作業を朝の涼しいうちにとか、色々理由はあろうと思うが、人間は本来、早寝、早起きが良いのだろうが、そうしてみると理想の生活をしているといえる。

今日も農耕車に追い抜かれながらの歩きだ。お寺の近くで、まだ朝の早いのに犬を連れた散歩のおばさんに三百円の接待を受ける。

六時五十分、三十四番種間寺に着く。休憩所で朝食、ゆで卵も付けてくれたオニギリを美味しく頂く。七時過ぎ納経を済ませ、三十五番清瀧寺へ、長い仁淀川大橋を渡り、三㎞手前地点に着く。ここよりは往復コースであり、ふと目についた建具屋へリュックを預ってもらい、主人に道順を教えてもらっていると、隣の花屋の奥さんが、自作の地図を持って来られて説明してくれ、葉書大に作られた地図を持って行けという。取り敢えず地図を手にし説明どおり郊外を抜けると、どこでも見られる道路工事現場の脇を通り、車道より左の山道に分かれた遍路道を上ると静寂な中に仁王門が現われる。仁王門を通り三十五番清瀧寺に至る。再び仁王門への帰途、天井画の見事な龍の画を鑑賞する。案内がないと見逃すところであったが。少し下がった石段に腰を降し休憩、八朔も格別な味であった。建具屋に戻り、花屋に地図を返しに行くも留守でいない。建具屋の主人に話すと「もらっときなさい。何枚も作ってるから大丈夫ですよ」と。「宜しく言っといてください」と頼み礼を述べ後にする。このとき十時三十分、一気に宇佐大橋を越えての三十六番青龍寺へ向かうべく舗装された広い道を進む。地図には、この春堂尻よりトンネル工事、全面開通平成十年春とある。竹林寺でタクシーの運転手に確認したのがこのトンネルの完成具合だったのだが、その時は分からず今現場に来て一目瞭然、交通止めの大きな標識と柵、遍路標識が右側の山道に入るよう案内されている。塚地峠越えの遍路道に入るのだ。膝の状態も良くなっており、土の道と併せ心地良い歩きで距離的にはあったのだが難なく最後には民家を抜け県道に出る。十二時過ぎ、宇佐大橋手前のスーパー、入り口にある軽食喫茶に入る。ここでもペットボトルに冷水をお願いすると、食事の間に、お茶を沸かして入れてくれる。冷水で十分なのだが面倒と思うのにお茶にしてくれる。遍路に対する接待だからだろうが、歴史を感じると共に先人の築いたものを受け継ぎ、汚さないような遍路行をしなければいけないと思う。三十六番青龍寺へは宇佐大橋を経由しての往復コースと、そのまま横波スカイラインへと至るコースの二とおりがある。私は今度も往復を選択、宇佐大橋手前の店にリュックを預け、十三時過ぎ三km先の青龍寺へ。

ここでも木陰の下、苔むした石垣の前に紫陽花と石仏の調和、絶好のシャッターチャンスと思いながら手を合わせ通り過ぎる。

ここの納経所は参道、入り口にあり、美しい若い女性一人と何か今までと違った印象を持つ。帰りは橋の上から、ゆっくり下を見る余裕も、井尻側では、親子、若者がボール投げ、サッカーを楽しんでいる。

十四時三十分頃引返し宿探しをする。

七km先は満室、二十km先はとても無理、何と今行って戻ったばかりの青龍寺先の横波スカイライン途中にある宿は空いている。今から又そこへ行く気にはなれない。朝懸念していた、宇佐大橋ふもとより五百m先の宿に泊まる他ない。十五時に宿に入ることになるが、朝早くに出ているから良いかと無理やり納得、宿の有無都合で行動が左右されるのは勿体ないが、人間の脚では限界もある。自然に受け入れるのもこれ又遍路、早い入宿であったが快く迎えられ有り難く思う。気分的には随分落ち着き心身の休養には申し分ない。明日は五十三km先の三十七番岩本寺、ゆっくり休養日に当てるのもいいか。しかし夜分から細かい雨が降り出し、上がりそうな気配もないが、上がることを願い床につく。

三十三・八km

落ちた菅笠（五月二十四日）

予定は三十七番岩本寺、三十五km先に宿があるがそれでは物足りない。五十三km先の岩本寺まで挑戦というか自分を試してみようと思う。これまでの出発時間の中で最も早い四時四十五分出発、昨夜からの細かい雨が未だ降り続いている。一日中降りそう、傘で行くことにする。夜も明けきらぬ、雨ともあって、まだ薄暗い中、車のヘッドライトに照らされながら、曲がりくねった浦ノ内湾沿いを歩く、先は長い。一定のスピードとリズムを保ちながら省エネ歩行で歩き出しての十㎞地点に「同行二人」の本には載っていない民宿があった。もし記載されていれば、昨日ここまでは来れたと思うがそれはそれで仕方のないこと。全てが当てはまるかどうかは分からないがこの本に宿を記載するには、へんろみち保存協力会にいくばくかのお金の寄付と、一人歩き遍路を泊めてくれる宿のようだ。この条件を外れた場合とこの本発行より後に開業の宿は載らない訳で、後からではあるが実情を知ると納得がいく。

これら全て著者である宮崎建樹さん個人の力が大であり、実情を知らない人より、小言、文句の出る場合もあるというが、個人で行っているような活動ではおのずと限界がある。暖かい目で見守り心より応援したい。

うどん、パンとで二回程、腹を満たしながらの歩きであるが、兎に角、雨が降ったり止んだり、その都度、傘を閉じたり開いたり、結局一日中それの繰り返し。このような状況での国道五十六号線、車のはねる飛沫にも一日中悩まされる。このようなとき、ついうっかりして後ろから来たトラックの風圧の注意を怠たり、被っていた菅笠を国道左側下の谷に飛ばされてしまった。雨降り、日照りの菅笠は必需品で、一瞬しまったと思ったがもう遅い。下を覗くと、幸い深い谷ではあるが何とか歩いていけそうな、即ち谷で落ち込む端の七～八ｍ先に落ちており、道路から取り敢えず草の茂る崖の上に降りなだらかな谷底へ七～八ｍ、菅笠を手にしたときの気持ちは心より嬉しく安堵感がこみ上げてきた。この位置より少し先でも手にすることが出来なかっただろう、それほど、落ち込んでいる谷だったのだ。又崖の道路寄りだから良かったので、少し（一～二ｍ）でも離れていたら再び手にすることはできなかった。要は拾える位置ギリギリの所に落ちてくれたのだ。何か偶然とはいえ不思議なものを感じる。救われたと思うと同時にお大師さんに助けられたと、今度からは同じようなことはするな、注意しろよ、にも思えた。

雨に打たれ長時間の歩行、今までだと膝であったり、足の裏の痛みであったが今回は全然違う所の、両大腿部への違和感と痛み。初めての体験、脚への疲労限界での十七時三十分、三十七番岩本寺に着く。

約十三時間を要した訳だが、試練は続くもので宿の場所が分からず、探すのに更に二十分地元の人にたずねてのことである。雨降りの時には脚の疲れが増すことを再認識させられた日でもあったが、更に追い打ちをかけられた結果となった。古い宿でおじさんが一人、奥さんは買い物で高知へ出掛け留守。夕食は出来ないと聞いていたので、おじさんの紹介の食堂へ、洗濯して風呂上がりの後出掛ける。雨も上がり脚の疲れもほぼとれており散歩がてら商店街を通っての食堂だ。私の好きな料理を注文したが、味付けが好みと一緒で美味しく食べられた。疲れの回復と明日への活力となるだろう。夕食から宿に帰ると奥さんが買い物より帰っておられた。

五十三km

無縁仏に思う（五月二十五日）

昨夕帰られた奥さんの朝食と、初めての食後のコーヒーを出され、有り難く思うと共に、一杯のコーヒーでこれほど感動することも珍しいと自分ながらに思う。一つに他にはなかった初めてのサービスというものは実に感動するもんだなと今更に思ってみたりする。奥さんの美味しい料理で好きな物も入っており、いつもどおり全て残らず食す。

この先足摺三十八番金剛福寺迄の八十七kmを二日で行くか、二・五日で行くか決めかねているのだ。昨夜から今朝にかけての宿題でもあったのだが。

①案は中村で一泊、二日目三十八番金剛福寺、②案は三十二km先浮鞭一泊、二日目以布利一泊、三日目三十八番金剛福寺参拝後以布利に戻り一泊。②案は途中、何度か聞いた設定であるが、これまでのペースと膝の具合で、①案に挑戦しても行けそうだ。兎に角歩いてみて、昨日までの疲れがどれだけ残っているかの回復次第だ。六時三十分岩本寺へ到着、境内に入ると左手の宿坊より早い出発かお遍路さんが二〜三人出て来られた。

本堂ではユニークで楽しめる天井画を鑑賞、幸先良い一日の始まりになりそうだ。納経後調子を確かめながらの歩行で進む。

美味しい朝食によばれたからか、なかなか調子が良い。慌てずに行くも結構距離が稼げ、これだと中村まで行けそうな感じがする。

国道を歩いていて進路変更をした所、丁度そこにおばあさんがおり挨拶を交すと、私に「前に進み、川を渡る道を右に入って行くと近道になるから行きなさい」と教えてくれる。偶然とはいえ近道のある所で進路変更して、おばあさんに会い私に教えてくれる。国道は意外に歩く人の少ない所で殆どいないといっても良いくらいだ。おばあさんは畑よりの帰りのようであったが、このことは私に対する見えない後押しにさえ感じる。

遍路をする人は白衣を着なさいといわれている。道に迷った場合でも地元の人の助言、助けが得られる。今日のように近道も教えてもらえるとそのことが改めて実感させられる。

その人が今一番何を欲しているか、与えるタイミングがピッタリあった時が与えられた人には有り難い。四国の人は遍路さんに常に優しい目を向けておられるのだとつくづく思う。井の岬で昼食を兼ね、車販売でのタコ焼きを食べながら、おばさんと色々話を交し勉強させられる。

私が「まだ半分以上も残っている」と話すと、「そうではなくまだ半分以上もお参りができると思いなさい」。又「遍路できない私の代わりに歩いて下さい」とも言われる。自分がそうであったように遍路したくても、仕事、家庭の事情、高齢、身体のハンディー等、多くの歩きたくても歩けない人はいるだろう。

今歩き遍路をしている自分は恵まれていると再認識をさせられ、おばさんに「そうですね。これからは、おばさんの分まで歩かせてもらいます」といって別れをする。

これまで歩いて来て、自分の歩きのペースは大体、掴んできた。極力休憩は少なく、短くが良い。疲れた時は腰を降し、脚の力を抜き、その間軽いマッサージ、ストレッチをすると良い。十五時近く宿の予約の為、立止まり電話をする、若干手間どったこともあるが、それから足の裏に違和感が出て、残り十三㎞これはきついなと思うが仕方ない歩くしかないのだから。遍路道で少し迷い時間のロス。最後の七㎞、脚が昨日とは違った疲れとなるが十七時四十分中村大橋を渡り宿に着く。おばさんに明日の予定を話すと新四万十川橋迄の近道を教えてくれる。

一段落した後の夕食前、再度おばさんが宿の外に出て指差しながら道順を私に叩き込んでくれる。地図上では分かっていても実地に指示してくれると有り難い。

夕食は珍しくカレーであったが、高知に入ってから続いているカツオのたたきも勿論出ている。明日の早朝出発を告げオニギリを注文していたが、三個ずつ、二パックも作って持ってきてくれる。このときおばさんが「昔からこの道は大変で多くの遍路さんが亡くなられ無縁仏になっている」と。

私にも想像はつく。八十七㎞もの長道程、その苦難は今の比ではない。これも私への激励と思い、オニギリと併せ感謝しきり、今日は色々な意味での地元の人の後押しを感じる。宿のおばさんに遍路の無縁仏の話を聞き、明日よりお参りの時、無縁仏になられた人への成仏を祈念しようと思う。

何故今までこのことに気が付かなかったのか改めて自分の未熟さを又反省させられるが、自分の遍路の目標の一つである心の変化には十分なっている。地元の人に教えられ一つ一つ肌で実感して自分のものにしていこうと思う。

今日までの遍路行の中でも意味のある一日であったと思う。

四十三km

無縁仏を供養する（五月二十六日）

五時四十五分出発、昨日おばさんに教えてもらった中村大橋を渡り川岸を降り、川沿いの道を新四万十川橋まで、ときに散歩の人と挨拶を交しながら一本道を進む。女性二人を前方に見ながら、新四万十川橋を越え、すぐ左の階段を降りた所が三百二十一号線、あとは足摺岬三十八番金剛福寺まで三十八km余りを一気に進むだけだ。今日のコースは今この時点で、明日のコースの予定の宿の確認がとれないと、今日の予定の立たないところがある。

明日三十八番金剛福寺より、三十九番延光寺に向かうとき、足摺よりの打ち戻りコース、下ノ加江よりの三原経由とするとき、途中となる来栖野の宿が予約出来れば、今日は何も考えず、三十八番まで行けば良い。来栖野の宿がとれないときは、明日の宿を下ノ加江にとり、今日はそこへ荷を預け三十八番に行き、明日下ノ加江に戻ってくるのだ。三原コースただ一軒の来栖野の宿は連絡を入れると休業中でやってないという。これで迷うことなく、下ノ加江の宿に予約を入れると幸い予約はとれた。取り敢えずの目標は下ノ加江に、今日はあくまで足摺までだが。下ノ加江に入り進行方向左手に宿が見え食堂となっている戸を開け中に入る。若い男性二人が応対、奥より主人が現われ、主人に「明日ここに戻り一泊するので荷物を預かってもらえますか」と聞くと快い返事。主人に部屋を案内され、必需品以外の荷物を降ろす。主人によると「ここを利用して色々なパターンで行動される人は多いです」と。後二十kmくらいかなとの声に送られ、再び足摺に向かう。

十一時三十分、昼食をとるべく、国道より遍路道標識での、喫茶店前より左下に降り小橋を渡り海岸砂浜へ進む。若者がサーフィンに興じているのを眺めながら腰を降しオニギリを食べる。徳島ではサーフィンの世界選手権が開催されるとかで、多くの浜でサーファーを見かけたが彼らとは話す機会は無かった。彼らが遍路をどのように見ているか興味あるところではあったのだが。

三十分とじっくり時間をかけての昼食をとる。遍路道はこの砂浜を海岸に沿って進むのだが、散歩を兼ね先の標識をチェックするがないようだ。このまま進んでも国道への上り道が分るかが疑問、一km余りもある砂浜での冒険はやめ、元の降り口まで戻り再び国道を進む。

最後の十五㎞は広く舗装された道であったり、細い田舎道になったり少し心配になるような道だが、十六時二十分無事三十八番金剛福寺に到着。納経を済ませた時、遍路の団体が三十人くらいやって来た。今日はこの近くに宿を取るのだろうか。木々に覆われた少し暗い道を一㎞余りの旅館を目指す。時間的にも丁度よい十七時に宿へ着く。

明日は三十九番延光寺への打ち戻りコースで下ノ加江までの二十六㎞、高知に入ってからの初めてくつろげる日になるかも知れない。宿がないのだし、これも何回目かの休養日と割り切るしかない。明日は久し振り宿の朝食をとり、ゆっくり出発。遍路に出て初めての観光、足摺岬を見て、下ノ加江に戻ろうと思う。今日は途中、三百二十一号線、津蔵渕合流点先の伊豆田トンネル（千六百二十ｍ）で初めてマスクを使用する。トンネル内の排ガス対策の為であるが。…事前調査資料、新聞記事で記者が、排ガスに悩まされたと記していた…。トラックの数が思ったほど多くなく排ガスもそれほどとは思わなかったが、それなりのマスクの効果はあった。排ガスの少ないのに越したことはないのであるが。この長いトンネルの中、黒く汚れた歩道の上に白く踏み跡が残っている。これ迄幾人の遍路によって付けられた踏み跡か、何を思い何を願っての遍路かと想像する。私もその一人となったわけで、足跡を重ねることで私も歩き遍路の仲間入りができたように思う。今日三十八番金剛福寺でのお参りより無縁仏となられたお遍路さんのお参り供養をさせていただく。昨日の宿のおばさんの話を思いだしながら歩き、母より聞いた、昔祖母が伯父を連れて遍路した話を想い出し、小さい時まだ生きていた祖母、諸々の感情が起こり涙が出そうになった。

四十四km

若者との同行（五月二十七日）

三十九番延光寺に向かう訳だが、宿の関係で昨日、荷物を預けた宿、下ノ加江までのコースだ。二十六km足らずで今日は終わり、休養日に当てることで納得する。高知に入り連日、四十〜五十kmの日が続いていた。今日のことはこれで受け入れ又新しい発見があるかも知れない。荷物も軽いし距離もない遍路に出て初めて観光でもしてみようと思う気になる。場所もおあつらえ向きの足摺岬。宿での朝食を終え、七時三十分の出発も、いつもが早いから随分ゆっくりした感じに思える。昨日の道一km余りを引返し、国民宿舎あしずり（五月末で廃業）の前を通り、展望台へと足を延ばし岬全体を眺める。快晴、空の青さ、海と岩、岩壁の配置、海の色、波とうの白い波、素晴らしい。写真のことは思っても仕方ないことなので、頭、ハートにしっかりイメージをしまい込む。これまでの疲れが瞬間ふっ飛んだ感じがする。

天狗の鼻展望台へも足を延ばし違った位置よりの灯台を眺める。岬を眺めていた時は、遍路行の緊張がとれた。身心共にリラックスし、ときでもあったのが身をもって感じられた。何とか遍路を続けられる自信が持てるようになった余裕の裏返しかも知れない。しかしこの三十分足らずの時間であったが何か今までに感じたことの無い、初めて経験する感動を得られた。

遍路行に対する新しい活力の湧いてきた貴重な一時であったような気がする。

椿街道を抜け県道へ、兎に角あせらずゆっくりゆっくり歩くことに気を遣う。下ノ加江に十五時着くらいの目標であまり早く着いても迷惑になる。ゆっくり歩くと遍路標識も良く見える。来るときに見逃した標識が一本あった。それだけ前に進むことだけに集中していたのだなと少し反省もするが、反面それはそれでも良かったのかとも妙に納得。そこへ丁度前から二十代の若者がやって来た。「あとどれくらいですか？」「あともう少しだよ」、強い日差しの下若者の「有り難うございます」が心地良い。私が見逃した遍路道を「橋を越したすぐの所に遍路標識があるからそこを左下に降りたら近道になるよ」と教えてやる。少しして若者の遍路に出会う（遍路姿ではなく旅行着）、今日の宿が同じとのことで同行することにする。「三日前、岩本寺への遍路道で左足くるぶし近くを痛め（ブチッと音がして何か切れたような）今はだましだまし歩いている」という。ビッコをひいて歩いているので私が聞いての若者の返事。

「今日でも医者に行けば」といったが「薬で様子をみてみようと思うんですが」との返事。「野宿の準備もしており、荷物も重いので今日宿に着いたら少し送り返すんです」という。私も余分の荷物が若干あるので送り返すことにしよう。道中色々話をする。若者の「一昨日、中村よりの伊豆田トンネル前で脚の痛みと疲れで歩けなくなりもう駄目かと休んでいると、おばあさんが来て励ましてくれ、それに元気を得て不思議に歩けるようになった。それから下ノ加江の宿に着いたのは、二十一時過ぎ、普通の宿だととっくに閉っているが夜は居酒屋をやっており快く泊めてくれ、本当に助かった」と。今又その宿に向かっているのだが、「おばあさんの励ましがなかったら止めていたかも。歩けたのが不思議で信じられない」と。私が「それはお大師さんが助けてくれたのかも知れないよ」というと、「本当そうかも知れない。歩けたのが不思議だった」という。暫く行くと国道より右、海側下への遍路標識あり、靴を脱いで川を渡るとも書いてある。降りてみると、丁度海の潮の状態が引き潮で靴を脱がなくても川を渡れ砂浜に脚を踏み入れられる。降りるときから感じていたが、この先は私が昨日昼食をとった海岸だ。しかしこのコースは国道より降りる先ほどの標識があるのみ。私の見落としかも知れないが、この海岸より国道上りの標識がない。昨日海岸線をここまで来ても、この上り口が分かったかどうかは保証できない。又潮の状態もここまでこないと分からず、この遍路道は少し冒険するコースかも知れない。昨日、ここまで来ずに国道へ引返したのは正解だったのかもと若者と一緒に納得する。このような場所は経験者の助言又は事前に情報を得られる人は幸いと思う。各自それぞれ事情、思惑はあると思うが冒険するも、安全策をとるもどちらでも良いと思うが、結果、何を得、何を感じるかだと思う。ただし時間に余裕があれば私は冒険の方を選ぶだろう。気持ちに余裕がある為か、昨日通った道の為か、ゆっくり歩いた割りには目的地、下ノ加江に随分と早く着いたと思う。遍路道も分かり易く、昨日通れなかった道も通れたし、この事も影響していると思うが若者も同意見、しきりに不思議がっていた。予定していた時刻より三十分早い十四時三十分宿に着くも、主人に暖かく迎え入れられる。先ず二人して荷物を送り返し、私はこのところ、右腰上に痛み違和感を覚えていたので、これで少し和らげられることを願う。

夕食は同宿者四人と一緒し「明日私は早く出発するから」と若者に告げ、今日の礼を述べる。又「脚を第一に考え、絶対無理をせぬように」と別れの挨拶をし部屋に戻る。

二十七km

大雨の愛媛入り（五月二十八日）

少し軽くなったリュックにオニギリを詰め、四時四十五分出発。俗にいう、三十八番打ち戻りコース、下ノ加江より三原、平田経由で三十九番延光寺に至るコースだ。

昨日主人より聞いた道順どおり宿の前を中村に戻り、左手に見える二つ目の橋を渡り県道に出ると、後は一本道である。今日も足を延ばさないといけない。うっそうと木の繁った合い間の道をくぐり抜けるように歩く。

午後より雨との予報、自然に足も速くなる。朝の早いのと天候の具合とで薄暗くなる所もあり、女性の一人歩きには少し淋しいかなと思う所でもある。車も全く通らないといってもよいくらい、静かさでは満点。左手卵の宣伝看板があり、枝道に入って行くと養鶏場があり、朝早い為かまだ誰もいなかった。物置き小屋を拝借、戸を開け縁に腰をかけ朝食にする。下ノ加江より二十㎞くらいは両木立ちに挟まれた細い道、川と交差しながらの道を進む。町らしくなった来栖野に着くと、昨日連絡をとった宿があった。

休業とかであるらしいが歩き遍路さんの為にも是非開業してほしいと思う。

近くに三原村役場もあり、今までの山道と違い道も良く新しく開けている。

十一時三十分頃、五十六号線に出る手前の店で軽い昼食。娘さんが応対され、私が出ようとしたとき、お母さんがお孫さんを連れて帰って来られ、私に釣銭と思われるが更に三十円多く返してくれ接待としてくれる。

十二時過ぎ、三十九番延光寺に到着、高知では最終のお寺だ。四国八十八ヶ所巡りの中では一番広い高知県。天気にも恵まれ、十日間で回れることができ、一人になっての目標に近い巡りができたと思っている。

次のお寺より愛媛に入り、今日中に愛媛県にも入れるのではないかと思っているが、小雨の降り出した中、四十番観自在寺を目指す。宿毛に十四時三十分頃着くも宿をとるには早過ぎる。雨というより、瞬間台風並みの風が吹くが進むしかない。十㎞先の愛媛県に入ってすぐの一本松町、町営の宿がとれた。食事は食堂でとるという。

二時間ほど前から、雨もシトシト降り出し、本降りにならないうちにと急いだが、十六時四十五分の宿に着く前にはほぼ本降りになりだした。着いた宿は新しい建物で保養施設といった感じ。予定通り高知を終え、愛媛に入ったすぐの所の宿ではあるが愛媛に入ったことには変りない。町営という事で宿泊費も手頃な事は我々歩き遍路には助かる。

入り口左手にある食堂での食事中、外は本格的な雨になりだした。それでも車で近所の人が、風呂、食事の利用にやって来る。

天気予報では高知県に大雨警報発令、ここは愛媛といっても県境、高知県のようなもの。目の前の雨を見ても不思議でない。

ただ明日には止んで欲しいものだが、午後よりも又雨とのこと、外れて欲しいが。

母に電話をすると昨日送った荷物が届いたという。

遍路に出る前、母には「四国より電話を入れようと思うが出来ない時があるかも知れない」といっておいた。母は「出来んときはいい、毎日せんでもいいよ」との返事。

しかし幸い宿の利用のお陰で今日まで、毎日電話を入れることができた。

一度電話をするのが遅れたことがある。その時母に「今日は電話が遅いじゃないか」といわれ、それ以来宿に着いたらすぐ電話を入れるようにしている。

親の子を思う気持ちはいつまでたっても同じだと思う反面、少し可笑しかったのも事実だが。

天気予報は梅雨にかかりそうな発言、膝がまだ少し痛いが距離を稼ぐしかない。

昨日少し（六百g）ではあるが、荷物を送り返した手前、その重さ分だけでも頑張る他ない。今日は荷物の減った分、気持ち脚、腰への負担は少し軽くなったように思えたが。

四十八km

第三章　愛媛県（伊予ノ国）『菩提の道場』

26札所（約365km）5月29日～6月6日

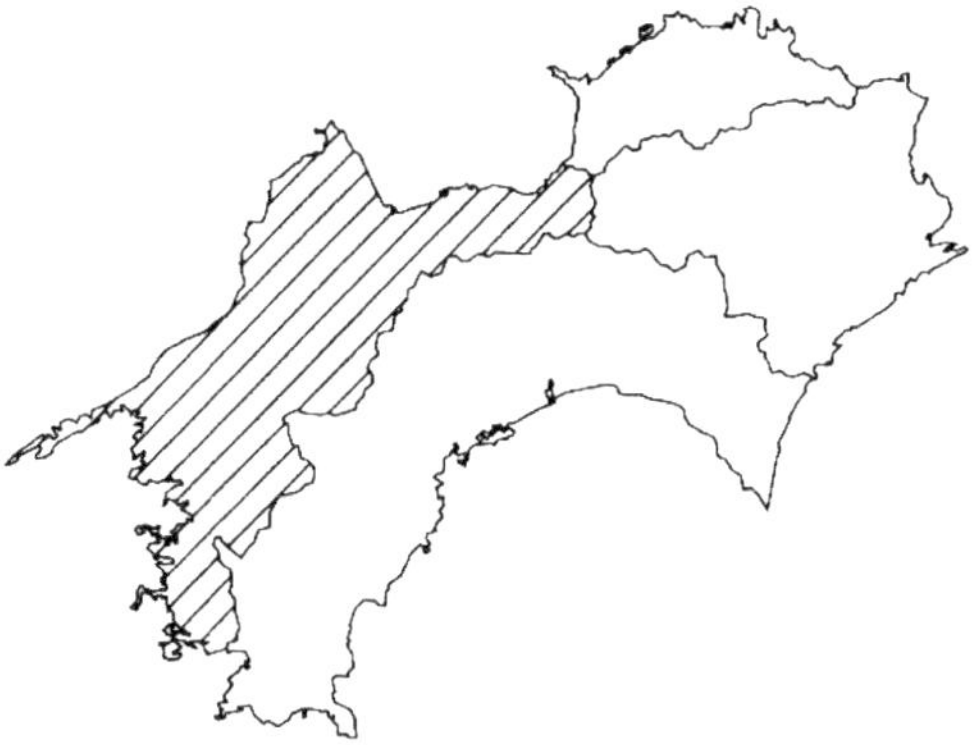

第40番	観自在寺	南宇和郡御荘町平城
第41番	竜光寺	北宇和郡三間町戸雁
第42番	仏木寺	北宇和郡三間町則
第43番	明石寺	東宇和郡宇和町明石
第44番	大宝寺	上浮穴分久万町管生
第45番	岩屋寺	上浮穴分美川町七鳥
第46番	浄瑠璃寺	松山市浄瑠璃町
第47番	八坂寺	松山市浄瑠璃町
第48番	西林寺	松山市高井町
第49番	浄土寺	松山市鷹子町
第50番	繁多寺	松山市畑寺町
第51番	石手寺	松山市石手
第52番	太山寺	松山市太山寺町
第53番	円明寺	松山市和気町
第54番	延命寺	今治市阿方
第55番	南光坊	今治市別宮町
第56番	泰山寺	今治市小泉
第57番	栄福寺	越智郡玉川町八幡
第58番	仙遊寺	越智郡玉川町別所
第59番	国分寺	今治市国分甲
第60番	横峯寺	周桑郡小松町石槌
第61番	香園寺	周桑郡小松町南川
第62番	宝寿寺	周桑郡小松町
第63番	吉祥寺	西条市氷見乙
第64番	前神寺	西条市州ノ内
第65番	三角寺	川之江市金田町三角寺

K嬢の言った事を想い出す（五月二十九日）

今日は宇和島まで五十三km近くある。

一本松の宿を薄暗い中、ただ一人、ロビーに出て自動販売機のコーヒーと軽い食事で腹ごしらえ。昨日フロントとの打ち合わせの非常口より、四時四十五分に出る。昨夜ほどではないが小さな雨が降り続いている。

愛媛に入って一番目となる、四十番観自在寺に向かうのだが、予報では午前中曇り、午後より雨とのことも併せての早出としたのだが、早や雨の中の出発となった。最近では、雨より天気の良い方がいいのは当り前だが、こうも雨に降られては、もうどうでも良いと、雨でも鉄砲でも持って来いという感じ。ここに至って初めて自然を受け入れる心境になったのかと思う。

八時前、四十番観自在寺に到着。参拝後、お寺の前にある宿、四～五軒の前を通り再び国道五十六号に出る。今日は後お寺参りはなし、宇和島まで、国道を進むだけだ。これで本当に愛媛に入ったという感じ。

十時三十分、この先地図上には食堂がなく、少し早いが昼食に入った店で席につくと、女性が「三十分くらい待たないと御飯類は出来ないので、腹に足る物はホットケーキだけですが」という。大を注文、食べ終えたが少しは腹の足しになったかなという感じにすぎない。この頃には雨も上がり、歩きも少しは軽くなる。

十四時、津島着。宇和島への宿の予約を入れ歩き出したところ、バイクに乗った初老の男性が近づいて来て「何処から来た、今日は何処まで」と聞かれ、「宇和島まで」と答えると「その先の松尾トンネルを過ぎたら四十分くらいでいける、近いよ」と、すぐだよー、気楽に行けよという風だ。松尾トンネルを越えて十㎞あまりで宇和島だが、四十分あまりではいけないことは分かっていたが、これも励ましの一つと思い軽く礼を述べ別れる。

松尾トンネルでは再度マスクを使用、千七百二十ｍを二十一分で通過する。

伊豆田トンネルの時と同様、幸いに今日も車は少なく排ガスもそれほどとは思わなかったが長いトンネルでありマスクは使用した方が良いと思う。トンネルを過ぎると後十㎞、先ほどの男性の影響ではないが、自然にペースが上がる。しかしいつもより昼食が十分でなかったのとペースを上げたことによる最後の五㎞の辛いこと。三十七番岩本寺へ向かったときと同様、雨に打たれたのも影響していると思うが、五十㎞も歩いているから当然かも知れない。

このようなときは、耐えて一歩一歩、歩を進めるしかない。辛いと思うが、これはこれで我が身に受け入れ何事もないような顔で歩く。

これと同様なことは実生活に於いても多々あること、この所連日有意義な体験をさせてもらっているということか。早や半分を越え折り返しに入っているわけだが、まだ半分お参りができると思う気持ちと、早く結願したいと思う気持ちが微妙に入り交じっている。

母のことを思えば心配しているだろうから、そうはゆっくりもできないし。梅雨も近いと思うと、急ぐというより修行と思い、極限に近い歩きをするのも意味があると思う。

今のところは残りが少なくなるのは淋しいが、全力で遍路に取り組んでいるという日々である。十日ほど前まで同行したＫ嬢は、今日の四十番観自在寺以後は体調次第で続けるか、又一旦打ち止め、秋より打ち始めるか今のところ分からないといっていたが、後から来るであろうＫ嬢の無事を祈るばかり。疲れているときに限って、生憎そうしたもので、岩本寺の時と同じく宿探しに苦労、疲れているときは倍にも感じる。それらを補って余りある、宿の料理の豪華さ。他の宿がというのでなく、Ｋ嬢に愛媛の宿の料理は美味しいとは聞いていたが正にそのとおり、今日は残念ながら腹がすき過ぎていて却って多くは食べられなかったが美味しさには変りがない。これまでの食事も満足の行くものであったが、これからの食事も楽しみだ。私の今回の楽しみの一つでもある、宿の料理を味わうこと、素直に郷土料理を満喫してみたい。

五十三km

トンネルで思う（五月三十日）

六時三十分朝食予定のところ、六時十分頃持って来てくれる。早いのに越したことはない。奥さんも「早い方が良いでしょう」と察しているようだ。今日は三ヶ寺程の参拝で約四十四km、出発七時でも大州には着くと思ったので宿での朝食としたのだが、終ってみれば今日もハードな行程となってしまった。

四十一番龍光寺迄は十km弱、しかし後半は長い上り道、五km余りの所で高齢の男性を追い越し失礼と思うが急いでいたので簡単な挨拶と会話で先に進む。

坂道の上りで自転車通学中の高校生二人と一緒になる。自転車なのだが押している。乗っていくにはきつい坂なのだ。毎日大変だと思うが、心の中で、絶対に忍耐力がつくし、脚、腰も強くなる頑張れよとエールを送る。

二時間を要して四十一番龍光寺に到着、お参りを済ませた頃に先程の男性が山門をくぐってやって来た。

四十二番佛木寺へは本堂左側、駐車場よりの遍路道から入り約二・八km、四十三番明石寺迄は十・八km、大州までは更に二十一km急がないといけない。今日はこの二日ほどの雨模様とは違い、快晴で暑いのただ一言。明石寺へは標高五百m余りの歯長峠があり、山道の遍路道利用となり時間のみが経過する。

大州まで行かないと宿はないし行く他はない。宿での朝食のせいか身体は割りと元気だ。四・五km余りの遍路道を歩く歯長峠越えの道、歯長トンネル前右手に遍路標識あり「右旧遍路道、左トンネル、苦をとるか、楽をとるか」と書かれている。

時間的余裕があれば右側を選びたい。若干の迷いがあったが歯長トンネルを選択。トンネルを越えたすぐの左下遍路道を下り、途中崖よりの水の流れ、柄杓があり幸いと喉を潤す。県道に出たのが十二時、三十分ほど歩き民宿を兼ねた食堂で昼食、畳の座れる所で、脚を伸ばし靴下も脱いで身体を休める。

主人が「あと少しですよ」と教えてくれる。明石寺少し前の交差点で直進の所を左手の木の枝に一枚ほどかかっていた遍路札を目にし、左に曲がり上った所、博物館に着いてしまう。間違いには何となく気付いたが坂道の上りであり、何があるか行ってみようと行ってみたら博物館があったのだ。すぐ引き返し、前を良くみると前のポールに小さく遍路マークが見える。急いでいる時は、えてしてこんなもの、暑さが余計身に染みた結果となった。

十三時十五分、四十三番明石寺到着、参拝後納経に行くと、丁度団体分の納経を行っており時間がかかる。他に待っている人もいたが、納経所の人は一人で、当然のことだがその人のペースで仕上げていく。団体分が終った頃、一人の僧侶が来てくれ、私の納経を済ませてくれたが時間の短縮にはならなかった。

納経所で待たされたのは幸いにも今日が初めてで、前にも同じような事が何回かあったが、納経所に二人居たり、私の分を先に済ませてくれたりで待つことは無かった。今までが運良く恵まれていたのだが、歩き遍路の場合予定が狂わないともいえない。これから先もこのようにならないよう願うのみだ。

遍路道を抜け国道五十六号線に出て、一路大州へ国道と並行する旧道が遍路道となっている。十八時近くには宿に着きたい。夕食が十九時までとのことなのでその前に風呂に入りたい。この気持ちを逆なでするような大州前の鳥坂隧道は最悪、いつ頃完成したものかは確認できなかったが古いことは確かと思う。歩道、車道との高さの区別がなく、非常に危険。歩きながら考える。もう少し歩行者のことも考えて作ってもらいたい。古いトンネルで仕方ない所もあるが、今歩きで利用するのは、遍路か旅行者くらいだろうからこのまま放っておくのか、せめて歩道を高くするとか手直しをして欲しい。この状態で放っておくこと自体がおかしい、こと人命に関わること、今だとこのようなトンネルは建設許可がまず出ない、今いけないものがこのままずっと残るのが一番いけない。高さの区別が無くても歩道が広ければ文句はいわない、身体の傍をトラックがすれすれ走り抜ける。他にも歩道の段差のないトンネルはあるが幸い歩道の巾が有り、ここほど恐怖は感じなかった。

足摺から同行した若者がたまたまトンネル内で事故に遭いそうになったと話していたのを思い出した。時間の余裕があるか、自然を楽しみたい人は、時間はかかるが鳥坂峠遍路道が良いと思う。十八時十分大州の宿に無事到着、古い格式のある宿で品のある奥さんが迎えてくれる。木製の風呂でこれは遍路に出て初めての体験、いつもながら一日の汗をゆっくり洗い流す。

宿の中、部屋の内、外、昔大州を舞台にしたＮＨＫドラマ〝おはなはん〟の関連の写真が飾ってある。俳優、ＮＨＫスタッフの写真、サイン等だ。この宿を利用したことは想像出来る。

スタッフと一緒に撮った奥さんの若い時の写真もある。夕食も美味しく疲れもとれそう。明日の宿の予約もとれ、おはなはんのサインが飾ってある部屋に戻り、つい昔を想う。

四十四km

旅情溢れるコース（五月三十一日）

今日、何度目かのお寺参りの無い日であるが、予定五十kmの道程、朝早く出発する旨を告げていたが少し遅れての五時四十五分、外に出ようと玄関の鍵を開けていると、奥さんが見送りに出て来られた。

昨日気になっていた、おはなはんの写真の件をたずねてみると「昭和四十一年大州が舞台のおはなはんをこの辺りでロケをし、そのときの俳優、スタッフがここを常宿にしてたんですよ」と説明してくれる。

私は同じ宿に泊まれた幸運と、昨夜の食事の美味しかったことを述べると非常に喜んでおられた。大州の街が、これほどに大きいとは思わなかった。歩いても歩いても街の外に出ない。歩き出して五㎞余りの場所に番外霊場八番札所、十夜ヶ橋、永徳寺があり、この橋が、お遍路さんが橋の上では杖をつかない習わしとなった所であるという。

いわれは「大師の泊まる宿がなく、寒い中、橋の下で野宿し、余りの寒さに一夜が十夜にも思えたという、杖の音で大師の睡眠を妨げないという心遣いを今に残すもの」というもので、私も知ってはいたが、ここ大州にあったとは今初めて知った。

地元の人と一緒に早いお参りを済ませ歩を進める。ローソンでの朝食を済ませ更に四㎞で内子に入る。更に梅津、織田、伊予落合に至るコースは川と並行し、昔ながらの遍路道は旧街道、商店街を通っており旅情をかきたてるには十分だ。景色の良い、心和む遍路行となる。快晴で汗の吹き出る暑い中、とある農家で屋外にある水道の水を所望した所、奥さんがお茶の接待をしてくれる。

真弓トンネル前の上り坂で、軽トラックが横に停まり、おじさんが「乗って行きませんか」と同乗を勧められるが、丁寧に断ると、その先にある近道を親切に教えてくれる。

その場所は遍路道となっており、標識もあったが、先ほどの親切がこれで無になったとは思わない。先ほどの一言でこの道は安心して通れた、有り難いと心より思う。

これより少し先、自転車に乗った初老の男性と出会う。テントを持っての野宿を主としながらの遍路行だという。この男性とは今日が初の出会いの日であったが、以後一週間ほどお互い相前後しながらの遍路巡り、付き合いとなるのだけれど。

坂道で自転車を押しているのを私が追い越す形で、その時は少しの会話のみで別れたのだが。伊予落合にある宿に着いたのは案外に早く十七時過ぎ。若い奥さんが出られ「早いですね」と驚かれ、「普通は内子からの客はあるが、大州からの人はいません」という。日曜日で、食事はできないが何でも良かったらとの約束だったが、ラーメンとライスを持って来てくれる。ビジネス形式になっており、新しく設備も良く整っている。

日曜で連泊客も今日は外出していない。私一人、静かな泊まりであった。

明朝のオニギリも快く作ってくれ、明日の準備はできたが、考えられるコースが三とおりあり、地図を見て色々検討、明朝までの宿題だ。

五十km

感動をもらった日（六月一日）

月が変わり、梅雨が心配だ。明日は雨の予報だが今日は何とか持ちそうだ。

今日一日は山岳コースなので先ずは雨でないことに感謝する。五時三十分出発、昨夜は川の水の音と、脚の痛みが少しあり、熟睡できなかった。でも一旦目が覚めれば身体は万全だ、遍路に適合したかのように。

コース選択に少し迷ったが、無難な国道三十三号線を、四十四番大宝寺に向かって、それから四十五番岩屋寺往復コースを行く。四十五番岩屋寺へは九㎞の行程の中、六㎞が山道の遍路道コースがあり、そこを通ると岩屋寺の裏側へと降りて行く道となるが、この間の道は本当に遍路道といった感じの風情である。杉木立ちの間に落葉の踏みしめられた緩やかな曲線の道があり、脚、膝の為にはクッションの利いた優しい道でもある。

遍路風情を十分に醸し出す雰囲気の山道であるから、この道では何故か前にも感じたことではあるが、母より聞いた祖母、伯父が昔遍路した話を想い出す。今先祖と一体になったように思うし、見守ってもらえてるように思う。本堂裏の下りに入ると、無数の石仏があり道が分からないくらいだ。そのまま下って行くと、岩壁をくり抜いた下に本堂が見えてくる。丁度女性が本堂前を掃き清めていた。お寺全体の裏が岩壁で、人工で削ったものか分からないが、はるか下に降りないと全体が掴めない大きさだ。往復コースなので、四十四番大宝寺方面へ引き返さなければならない。復路は車道を通ってのコースなので、本堂よりは、そのまま階段を降りることになる。その途中、昨日会った自転車の男性と出会う。簡単な挨拶を交すが「早いですねー」と言われる。

駐車場前に売店があり、金剛杖を購入する。これまでにも買う機会はあったのだが買いそびれていた。先ほどの八丁坂の少し先の下り坂、蝮注意の表示が出ていたのも関係しているかも知れない。上部に覆いの帽子のついたもので色合いも気にいったもの。これまでは色合いが今一つであったり、帽子がなかったりで買えなかったこともあるのだが、八十八番の丁度折り返し四十五番にて手に入れるのも良いかも知れない。宿に着いたとき、これまで何度か「杖は無いんですか」といわれたがこれでもういわれることはないだろう。売店のおばあさんが色々話してくださり「若い娘遍路さんが、野犬に囲まれて恐くて何もできず、般若心経を唱えて、金剛杖を握り締めると野犬が逃げて行ったそうよ」とか、遍路に関わる話をまとめるだけでも色々貴重な資料になると思うし、興味ある不思議な話も聞けるものと思う。

そのまま車道に出て、トンネル工事前を通り、今回もリュックを預けていた商店に立ち寄り、リュックを受け取ると共にお礼のつもりで品物選びをしていると、奥さんの「接待させてください。買いたい物をどうぞ受け取ってください」。「とんでもない、こちらが荷物を預かってもらったのに」というと、主人も奥さんも「祖母の代から、歩き遍路さんには接待をさせてもらっています。私たちを信用して荷物を預けられたのですから、そのお礼です」ともいう。又「私たちはお遍路さんを多く見ているので接待させてもらっていい人かどうかも見て分かります」。人から聞いて接待だけが目的でここに来る人もたまにはいると言う。このやりとりの間、このような人も世の中にはいるのかと感激すると共に、人間の素晴らしさを垣間見させてもらうと同時に、この夫婦のような人間に私もなりたいと心より願い、心洗われる思いがした。お礼の言葉をいおうにも涙が出そうになる。

四十六番浄瑠璃寺、四十七番八坂寺が残っている。急げば納経に間に合うとふんで、十四時三十分、久万ゴルフ場入り口より、四十六番前の宿の予約をとる。ゴルフ場入り口、喫茶店の主人の「三坂峠を越え四時間は掛かるんじゃないか」。それだと十八時三十分、納経には間に合わない。しかし今までの経験で間に合うと心に決め出発、間に合わなければ納経が明朝になるだけのこと、八割方は間に合うと信じていたが。距離は十二km余り、三坂峠までは国道三十三号線を四・二km、後は標高七百mの三坂峠より、山道の遍路道を下るだけ。四十六番浄瑠璃寺二km手前、川の橋工事中で通行止めの看板が目に入り、回り道をしていると車が停まり「この道は四十六番には行けませんよ」という。「工事中の橋は、人間、軽四は通れます」という。私が急ぐ余り、遠くから通行止めの標識を見ただけで回り道をした為で、近くに行くと、先ほど言われたとおり人間、軽四は通行可と書いてある。遍路姿の私が道を間違え歩いているのに気付き、親切に車を停めて、わざわざ正しい道を教えてくれる、本当に有り難い。お陰で十六時四十五分、宿に着き、その足で四十六、七番十七時までの納経を済ませ、お参りも終えることが出来た。地元の親切な人のお陰で間に合うことができた。今日は二つも大きな感動を得ることが出来いい体験をした。今後、私にされたことを他人に返す、今日の体験を活かすことが恩返しになると思う。

四十七番八坂寺に着いたとき、自転車の男性と又出会う。男性は「不思議ですね、よく会いますね」と、今日は久し振りに宿泊するそうで私と同じ宿だ。

男性は先に帰り、私も後から歩いて宿に到着、先ず風呂に行くと、男性もおり、その後四十人くらいの団体のお遍路さん、男性と一緒に食事をする。食事中、私のことをしきりに聞いてくる。「歩くペースがいいので何かをやっている人ですか」。「若い時少し登山をし、ジョギングは好きで続けているし、歩くのが好きです」と返事をする。「そうですか、それで歩くのが速いんですね。何かやっているんじゃないかと思ってたんですよ」といわれる。私も今までの経験がこのような形で役に立つとは思ってもいなかった。若いときは何でもやっておくものだと再認識をする。

四十一km

雨に打たれて思う（六月二日）

予報では雨、梅雨入りの恐れもある。結果的には九州から関東まで梅雨入りしたとの情報。一日中この話題をお寺、食堂で耳にする。こんなに早く梅雨入りしなくてもいいのにと思うが、しかし例年、梅雨入りを発表したが晴れの日が続いたということを何度か記憶している。今年もそうなることを期待したいが。さておき松山方面から今治方面に向かう予定、昨日幸いにも地元の親切な人のお陰で、四十七番八坂寺までの参拝が終えられたので、四十八番西林寺からのお参りで、五十三番円明寺までのお参りを予定している。

予報どおり出発と同時くらいから小さな雨だ。昼頃より降るといっていたのに少し早く結局一日中降られるわけだが。弁当が早目に出来たので五時四十五分出発、男性は朝食を宿でとるという。四十八番西林寺までは四・五㎞の道程に七時までを要し若干遅れ気味であるが到着する。西林寺は民家の途切れた正面に、パッと橋、山門が現われ、境内は前を流れる川より低い位置にあり、遍路道より境内が低いのは八十八ヶ所中ここだけといわれている。

雨も本降りとなる中、参拝。納経後朝食をとっていると、昨夜同宿の自転車の男性がやって来る。宿の話となり「私はなかなか宿が取れません」と男性。「私の場合、最初一人歩き遍路ですがと必ずいうんですが、ほぼ一回で宿が取れますよ」というと、「あんたには、良い何かがついているんですよ」と心底羨ましがられた。

二日間、前後して一緒したが、ここで別れたらもう会うことはないだろうと、男性より私に「パワーを私に下さい」と握手を求められる。

男性は今日、今治まで行くという。私は雨の中、延びても浅海、又は北条辺り、本当に最後となるでしょうと快く別れる。

高齢だけど自転車での遍路、しかも野宿が主とのこと、頭が下がる。私の方こそパワーを貰って心強くなった気がする。

五十番繁田寺への道順をたずねたときも、おばさんが親切に近道を付け加えて教えてくれる。予定どおり五十三番円明寺迄の参拝を終えたが、五十一番石手寺から五十二番大山寺迄が雨の影響もあるが、十・三㎞あまりを、街中小さな川沿いを延々歩き、途中道にも少し迷わされ何故か疲れを感じた道であった。しかし川沿いにある昼食に入った食堂の奥さんが感じの良い人で私に気を遣ってくれる。時間があればゆっくりしたいがそれもままならず「梅雨入りしたから大変ですね。気を付けてお参りしてくださいい」の言葉を頂いて、それに元気を得てやっと着いたという感じの五十二番太山寺到着。

納経所でお金を払う時、財布の中が濡れているのに気付く。「札がビショ濡れになってる」と話すと納経所の女性が、ちゃんとお札の大きさに切った新聞紙をくれ「これでお札を包みなさい」といってくれる。私も自分で新聞紙を手でちぎった感じで札を挟み、暫く財布の中に入れ財布より新聞紙が少し出ているような時もあったが、今回はその心配はない。今迄の経験で用意されているのだろうが有り難い。

五十三番円明寺で、六人グループ（男性一人）と一緒になり、男性より「三十五番清瀧寺で見ました」といわれ、私は覚えがないのだが、一人歩き遍路はやはり目立つのだろう。自転車の男性は今治まで行くといっていたが、私は予定の近い方の北条に宿をとることにする。朝より一日中の雨、それもかなり強い雨、天気の良い日のようにはどうしてもいかない、疲れそのものが違ってくるのだ。旅館とあり予約の電話を入れると、夕食はどうしますかと聞かれ、おかしいなと思ったが着いてみると納得、ビジネスに変っていた。

予約していたので、奥さんが夕食の準備をしてくれていた。風呂上がり後大変美味しく頂いた。歩くということはこんなにも腹がすくものなのかと、奥さんに料理の美味しかったことを述べると笑顔で「そうですか」と喜んでおられた。今迄、宿の人に料理の美味しさをいえる機会のあるときは、必ずお礼をいっている。四国に来て全ての宿の料理を美味しく頂いた。これも本当に遍路に出て良かったと思っているこことの一つだ。

雨の中を一日中歩いたわけだが、昔に比べて今は洗濯機、乾燥機、濡れた物でもすぐに乾く。昔の人は本当に大変だっただろうと思う。歩いてみてつくづく感じる。昔の人の真の強さを改めて思い知る。

三十六km

従兄弟の家に立ち寄る（六月三日）

早朝、五時三十分、玄関の鍵を開けての出発、今まで何度こうやって出発したことか、もう慣れっこになってしまったが。

しかしいざ道路に出ると、何ともいえない緊張をいつも覚える。予定は五十km、少し寝坊してしまい、五時までぐっすり眠ってしまった。先ずは今治市内、五十四番延命寺までは二十四km、雨もすっかり上がり降りそうにない。少しでも距離を稼ぎたいと思う。今日のコースは今治市内が中心であるが、私にとって全てとは勿論いえないが馴染みのコースである。母の実家が今治で従兄弟がおり、これまで年一回くらいの割りで母を連れて来ている。広島、呉（阿賀）～堀江をフェリーで渡り、今治へは車を使っている。

遍路に出ていることも、今日近くを歩くことも連絡しておらず、寄る予定もしていないのだが、いわば第二の故郷であり、快調に進みたいと思ってはいる。

出発してから大西町までは雨上りの薄曇りの中、単調な海岸線をただひたすらに歩く。腰の右側が以前より少し痛みはあったが、今日は歩き出して一時間半、それからは一時間毎に休憩を入れないと歩くのが困難な状態となる。文字どおりだましだましの歩きとなった。途中の小屋で休憩した時は、梁よりぶら下り、腰への回復を試みてみたりした。七時にローソンの弁当で朝食、車道より少し外れ遍路道に入った所で、一人のおばあさんに「ちょっと待って」と呼び止められ「これしかないが」と百円の接待を受ける。二人で話していたのだが、私の姿を見るとすぐに接待してくれたのだ。

大西町に入り、道路沿いの店の主人が出て来られ、接待させて下さいと飲み物を一本手渡してくれる。今までに車で何回も通った場所であり、ここで接待を受けるとは感慨ひとしおである。

今治市、最初の五十四番延命寺を参拝、五十四番南光坊への途中は従兄弟宅への入り口脇を通るのだが、時間的余裕もないし、今は遍路に全神経を集中したかったのだ。ところが、五十六番泰山寺への途中、遍路マークを便りに歩いていると、見慣れた風景となり、ついに次の四ツ角では従兄弟の家の横に出てしまったのだ、これには私も驚き、お大師さんも顔を出しなさい、祖母と伯父も家に寄りたかったのかも知れないと思うし、私の身体にここまで祖母と伯父が付いていたのかも知れないとこのときは思った。

従兄弟達はびっくり、長くは話せなかったが、家に帰ったような気になった。嫁さんが「安っさんの元気な姿を今日にも叔母さん（母）に電話しとくわ」といってくれる。第三者が電話をすれば母も少しは安心するだろうと思う。又何か新しい気持ち、気分一新で四国巡りができそうだ。

五十八番仙遊寺は五十七番栄福寺からわずか二・五km、しかし案外に時間が掛かり、山門を通ってからも長い階段の連続、標高も三百四十ｍあり、坂道の脇には近所の小学生の願いを書いた札がいくつも据え付けられていた。十五時三十五分に到着、本堂でのお祈り、お客さんがあったようだが私一人の為、奥さんが納経所に来られ納経をしてくれる。時間は遅くなったが約十三km先の東予国民休暇村に予約を入れる。今から六・二km先の五十九番国分寺に向かうのだが十七時までに納経を済ませないと宿には行けない。五十八番仙遊寺参拝後、十五時五十分出発、急ぎ足にならざるを得ない。今日もこのような遍路をしていていいのだろうかと少し疑問がないでもなかったが、答えが出るのは終ってからのことだろう。

ここでも地元の人に道をたずねながら、道を間違えるとまず納経の時間に間に合わないだろうから、急いでも慎重に歩を運ぶ。

五十九番国分寺には納経締め切り十五分前に到着、若干の余裕はあるもののきわどいケースだ。今度は十八時目標で宿までだ。腰といい身体はこの所の強行軍で少しガタがきている。午前中の腰の痛みは今はなくなり大丈夫だが、今後共様子を見ながらの歩きとなるだろう。

宿には十八時三十分到着、以前、母と姪と利用したことがあり、懐しい面影が残っている。ゆっくり風呂に入り、美味しく食事を頂く。美味しく食べられることが頑張れる源と思うし、食べられることは身体がまだ元気な証拠だろう。途中、何度か予定どおりに行くのか危惧したが、無事に約四十九km、よく頑張れたと思う。

四十九km

大広間（六月四日）

五時三十分、日の出に近い時刻に、この所毎日自分で玄関を開けての出発が続く。今日も判で押した様な同じ出発となった。

百九十六号線を十二km、兎に角一本道で伊予小松へ、国道ではあるがまだ朝早い為か車も少なく、二時間余りの八時三十分、国道十一号線との変更点となる小松に着く。今日は八十八ヶ所の中でも難所の一つといわれている、六十番横峰寺に参る。このコースも三とおりほどあるが、私は六十一番香園寺を先に参り、奥の院経由の往復コースを行くことにする。大頭よりのコース、六十三番吉祥寺よりのコースを入れて三とおりとなるわけだが、今回は時間的に勘案し、一番スタンダードなコースを選択した。

選択する前に納経所又は六十二番への道順をたずねた店の人が幸い遍路に詳しい人で、その人の意見も聞いて出した結果だ。

快くリュックを預ってくれたコンビニを後にし、先ず六十一番香園寺へ。納経所で奥之院経由、横峰寺までの手製の地図を手渡され、「六時間は掛かるかな」との声を背にして、スタートは教えられた方向に向って歩き出す。奥の院上から山道の遍路道で標高七百五十m余りを登るのだ。お寺まで続く山道、登山と同じだ。

天気、体調も良く休みなし、二時間三十分で登り終え、六十番横峰寺へ到着する。

この登りの途中、二・五㎞くらい手前で、前より来る男性二名、なんと一人は六月二日、四十八番西林寺で別れた自転車の男性だ。二日前の話をし、男性は予定どおり雨の中今治まで、私は北条までの話を交す。改めて驚いた風で「早いですなー」と一言、最後かも知れないといって別れて来たが、これだと又会うかも知れませんねとの会話で再度お別れをする。

十二時近く山門まで、二百m付近の坂道を上っていると、そこで休憩していた男性より「達者だなー」といわれる。「足取りが軽い」と。荷物がないこともあると思うのだが、私の歩きはテンポが良いのかも知れない。ただ脚が短いからこうならざるを得なく、これくらいでないと距離が稼げないのだ。

納経所では一人歩き遍路のみの接待として、奈良からの女性のお菓子、缶コーヒーを頂く。賽銭用の十円までつけてくれている。この時の感動は今までとは違ったもので、送ってくれた女性の心根を思い、イメージし、心の広さに胸打たれるものがあった。お礼を述べたく、住所をたずねると快く教えてくれる。

復路は九㎞の下り一本だ。大変ではあるが、土の道はアスファルトに比べ膝への負担は軽く私にとっては救いだ。奥之院上で一人の男性を追い抜いたが、登る時に山門近くですれ違った男性で「早いですね」と声をかけられる。

香園寺で休憩していると、男性がやって来て「サッササッサ行くんだから」と笑いながらいわれてしまった。今まで私の歩きに対してこれほど人からいわれたことはなく、このような日もあるのかと不思議に思う。

歩き遍路にとっては歩くのが一番、今日のことは歩きに対する自信として、これからもこのペースで歩いていきたい。

六十三番吉祥寺より西条駅前の旅館に電話を入れる。その先には宿がないのだ。

予約のとき又「食事はどうですか、大広間でも良いですか」とか、何か可笑しなことをいわれた。他の宿は皆夕食が出来なかったので、ここに決めたわけだが、この宿だけは予約をすれば食事ができるそうだ。西条の旅館は夕食を作らないのかとも思い、北条の旅館でも同じことをいわれたので、もしかと

と。

思ったが、やはり着いてみて納得、ビジネスとなっていた。奥さんが「最近ビジネスにしたんですよ」

案内された大広間が凄いの一言、目を疑う。二十畳くらいのリビングで三方が全て本の入った棚、主人の書籍だと言う。軽く一万冊はあるのではないか。隣が家族の部屋らしく、大広間の前には洗面所、風呂があり共用だ。奥さんの「自由に使って下さい」が気持ち良い。テレビも大型、ポットにティーパックも多く用意されている。蒲団が何故、二組敷いてあるのか意味不明であったのだが、風呂も大きくゆっくり入れる。「好きなだけ入ってください」といわれてはいたが一回しか入れるものでもないし。

机の上の紙に何か書かれている。「この部屋には急用、知り合いの人しか利用できない」といった風の意味あいが書かれていたが、私は急用の部に入るのか、確か別の個室も空いたようなことをいっていたと思うが。いずれにせよのんびりとはできる。

要は他人の部屋を自由に勝手に好きなように使ってくださいといわれたのと同じ。このようなこともあるんですね。しかし結局、広いといっても、机で少し記録をつけるのとただ寝るだけ、四畳半くらいで十分なのだが。二階喫茶での予約しておいた夕食も美味しく、ご飯のお代りもサービスしてくれる。西条に来ることがあれば是非利用したい。これでいて全然いや味の無いところが最高であった。

四十一km

雨宿りでの不思議（六月五日）

この様な待遇の宿泊は初めて。相変らず膝の痛みはあったものの幸い良く眠れた。いつもどおりの五時三十分出発、昼から雨の予報、宿の関係で今日はお寺参りがない。六十五番三角寺まで行きたいのだが仕方ない。伊予三島までの三十七km、このところ、腰の痛みも若干あるので丁度良い休養になりそうだ。雨の降るまでに距離を稼ぎたい、今日のような日は早朝出発が鉄則だ。

出発して暫く四～五kmは国道を歩くが、三島までの長い道程、国道と並行して通っている旧街道の遍路道を歩いての遍路行だ。朝食を新居浜近くの店で、牛乳とパンとでとっていると奥さんが味噌汁を御馳走してくれる。奥さんの「何回目の遍路ですか」に、私は「初めてです」。「初めてで全部回るのは大変でしょう」といわれるが「歩くのが好きですから何でもないですよ。ここまでくれば大丈夫ですし」とこの所答えている。

最初から通し打ちと決めており、結願するまで止めるわけにはいかない。今のところはまだ雨も降っておらず、順調に距離は稼いでいる。

道の脇にコンクリートのタンクがあり蛇口が付いている。丁度そのとき、道路を挟んだ向こう側の自動販売機で買い物をしていたおばあさんに「この水飲めますか」と聞くと「飲めますよ」との返事。荷を降し、顔を洗おうとしていると、おばあさんが私の方にやって来て「缶コーヒーが出ない」といって、百十円をタンクの上に置き「お接待です」といって行こうとする。私はおばあさんに「私が出してあげましょう」といっても、止まることなくサッサと行ってしまい、お礼の言葉を言う間もなく視界から消えてしまった。民家の路地に入ってしまったようだ。缶コーヒーが何故出なかったのか確認はしなかったので分らないが、販売機が故障とは考えられないし、お金も間違える筈はない。

私が「この水は飲めますか」と聞いたので、接待してくれたのか？

私は冷たそうな水と思い、ただ顔を洗いたく、少しの喉の渇きをいやしたかっただけなのだが。遍路をしていての体験から思うに、おばあさんは私に声を掛けられ咄嗟に遍路している私に接待したくて「缶コーヒーが出ない」といってお金をくれたものと確信している。

旧街道の遍路道で車に悩まされることもなく、これで雨のせいでもあると思うが腰の痛みさえなければ快適な歩きとなるところなのだが。昼過ぎより腰の痛みに悩まされ、十一時過ぎくらいから降り出した雨の、雨宿りを兼ね休憩に入った。洗濯物を干した民家の軒下、フト目を上げると表札が目に入り、名前を見ると弟と同じ名前、フト立寄った所で何と不思議と思う。そんなに多くある名前でない、むしろ珍しいくらいの名前だがそれと一緒、兄弟のこともお参りしており、お大師さんの何らかのメッセージだろうか。

朝が早いと、四十km近くでも、十五時近く、九時間で着いてしまう。

宿に着く頃には雨も上がり、このまま明日も晴れてくれれば最高なのだが、それというのも明日は四国八十八ヶ所最高峰に建つお寺が待っているのだから。

部屋に入り、早速、脚のケア、ストレッチを行う。風呂に入る前、今日の宿は夕食がなく、近くにホカ弁当があるのでそれにしたらといわれており、散歩がてら買いに行く。一回くらい、ホカ弁で揃えてみるのも良いかと思う。古い宿であったが、これはこれで趣があって良い。休養しているとき、奥さんが、旧道からの三角寺への上り口への道順を教えてくれる。夕食はなかったものの、明日のオニギリは快く作ってくれる。

明日四国八十八ヶ所、最高峰の山岳コース、雨の上がったことを喜び床につく。

三十七km

第四章　香川県（讃岐ノ国）『涅槃の道場』

23札所（約163km）6月6日～6月10日

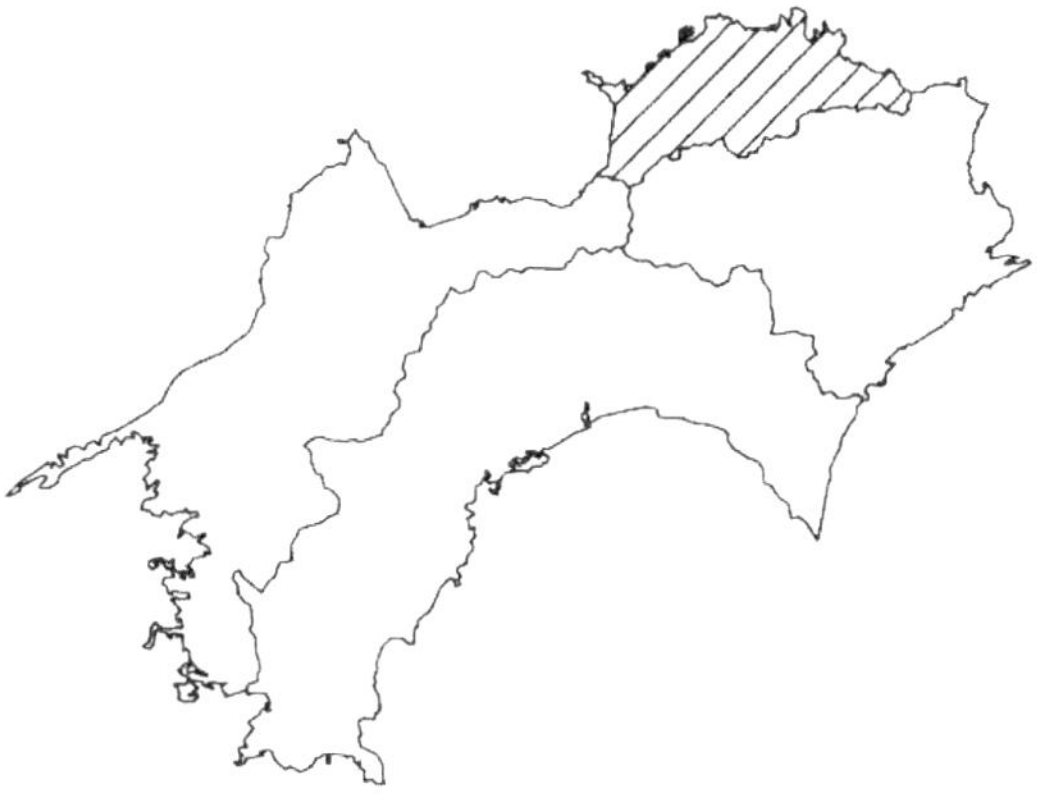

第66番	雲辺寺	徳島県三好郡池田町白地
第67番	大興寺	三豊郡山本町小松尾
第68番	神恵寺	観音寺市八幡町
第69番	観音寺	観音寺市八幡町
第70番	本山寺	三豊郡豊中町本山
第71番	弥谷寺	三豊郡三野町大見
第72番	曼荼羅寺	善通寺市吉原町
第73番	出釈迦寺	善通寺市吉原町
第74番	甲山寺	善通寺市弘田町
第75番	善通寺	善通寺市善通寺
第76番	金倉寺	善通寺市金蔵寺町
第77番	道隆寺	仲多度郡多度津町北鴨
第78番	郷照寺	綾歌郡宇多津町西町東
第79番	高照寺	坂出市西庄町天皇
第80番	国分寺	坂出市国分寺町国分
第81番	白峯寺	坂出市青梅町
第82番	根香寺	高松市中山町
第83番	一宮寺	高松市一宮町
第84番	屋島寺	高松市屋島東町
第85番	八栗寺	木田郡牟礼町牟礼
第86番	志度寺	大川郡志度町志度
第87番	長尾寺	大川郡長尾町西
第88番	大窪寺	大川郡長尾町多和

道を間違えるのもよい（六月六日）

昨日、奥さんに教えてもらったとおりの道を歩く。宿を出て一㎞余り直進し、お寺を右に折れ山側に向かい、発電所を目安として、ここより更に三・五㎞の上りで、愛媛県最後の六十五番三角寺に着く。急坂を民家の間をぬって上り、遍路道を抜けるとアスファルト舗装路に出る。六時丁度チャイムが流れ、このような山の中、近い所に村でもあるのか、右手上に豚舎があり静寂を破っている。

暫くしての六時二十分、六十五番三角寺に到着する。参拝を済ませ朝食。納経待ちをしていると、夫婦連れ、団体で十五人ほどの遍路さんがやって来た。納経所前に全員集まり、ワイワイ、ガヤガヤ話していると、七時に十分前であったが、若い僧侶が戸を開け納経を始めてくれる。土曜日でもあるが、七時前に今日のように多くの遍路さんが集まったのは初めてのことだ。これから先の六十六番雲辺寺までの時間の予測がつかない。昨日入れた宿の予約も雲辺寺より九・八㎞先の、六十七番大興寺前の宿に一応、余裕を持った心算でとるものの、行程に変更があれば連絡を入れるようにしている。最悪の場合を予想したとき、時間が掛かり着けないことも懸念されるからである。三角寺より七時に五分を残し雲辺寺に向かう。雲辺寺口まで十五㎞、途中番外霊場十四番常福寺（椿堂）に寄り、参拝、納経をするに「歩き遍路さんには接待で無料です」といわれる。御賽銭で心よりお返しをする。

境目トンネル前を若い男性が一人歩いていて、雲辺寺口近くの商店で一緒となり、お寺での昼食準備の買い物をする。店を出る時、おばさんに「接待です。使って下さい」と靴下を頂く。すぐ先にただ一軒の食堂に時間は少し早いが寄ってみるもまだ開いてなくて、若者を追う格好でのいよいよ五㎞余りの登りに入る。地図には三時間余りを要すると書かれているが。山道の遍路道を登り切ると、三角寺へのきと同じく後は、アスファルト、土の道となる。

急勾配のこの遍路道を登り切った、平らな道で先ほどの若者が休憩していた。「きつい登りでしたねー」、私も「この登りが寺まで続くのかと思ったよ」と返事。野宿が主での巡りで時々は宿も利用しているという。私は「宿にも、たまには泊まり、休養もした方がいいよ」といって、若者を残し先に進む。一時間二十分を要しての、六十六番雲辺寺に到着、雲辺寺口よりの登り、一度も休みなしの登りではあった。

お参り後、先ほどの若者も本堂前にやって来た。本堂上の広場、石のテーブルにて、夫婦二組のお遍路さんと一緒に昼食をとる。パンとお茶を買って登って来たけど、少し先に食堂が見える。雲辺寺口で確認した時「上には食べる所がないですよ」といわれたのだが。確かにこのような高い所に（標高九百十一m）、食堂があるとは誰も思わないだろうし、あまり知られてもないのだろう。下から予め電話で確認してから登るのが良かったかも知れない。山道の遍路道を登っているとき、木々の枝に遍路札が何枚か取り付けられている（遍路札は八十八ヶ所中全ての場所に案内としても取り付けられている）。岩屋寺でも目にした同郷の女性Ｓ・Ｎさんの札がここでも目につく。同郷だけに名前を記憶していたが、これだけのことでも妙に懐かしさが起こる。先の時間が読めず、先ずは急ぐ。しかし、六十七番大興寺までは下り一本であり、二時間余りを要しての十四時十分に到着、予約先の宿にも向かい、キャンセルを申し入れする。早く着き過ぎたのだ。宿のおばさんに「今じゃ早すぎるわねー、結構ですよ」と快く、了解される。遅れることを心配しての配慮であったが、早くに着くという予期せぬ方に外れたので良しとすると共に、これを活かし先に進みたいと思う。八・五km先の六十八番神恵院・六十九番観音寺に向かう。ここは山門一つで、二つのお寺がお参り出来る四国霊場ただ一つの所。近くに宿もとれたし、十七時までに着けるかも知れない。

二km手前にある明治橋を過ぎた所、左に行く所を右側に進んだ為、九十度程ずれた方向に歩いていた。修正が大変。先ずは方向だけを確認、何人かの人に道をたずね、幸い十五分前に到着出来た。地元の人のお陰で無事、参拝、納経を終えられた。

道を間違えた為に、多くの人の親切に接することが出来る。これも私は、本来の遍路の姿だと思っている。違う形で地元の人との交流となっているからで、その間は案外楽しいものである。少年、おばさん、女子高生、おじさんには「裏の川沿いに行ったら近いし分かり易いよ」と教えられての参拝であった。お寺近くの宿に着き、中に入ると、ベッドと畳の部屋どちらにしますかと問われ、部屋を見てベッドの部屋に決める。明るく、広かったからだが、徳島以来のベッドで、巾も広くゆっくり休めそうだ。

明日は、あくまで予定だが、七十番本山寺から八十番国分寺まで、一気に参拝を終えたい。この頃どうも母のことがいつも頭から離れない。終りに近くなっているからでもあろうと思うが、早く帰ってやらないといけないだろう。この気持ちがあるから、毎日のハードスケジュールにも耐えられているのだろうと思う。自分の為だけのお参りだとどうなっていただろうと思う。今日の巡りも母のお陰だと心底思っている。

四十四km

最後のお別れ（六月七日）

今日は七十番から、八十番までの十一ヶ寺、あくまで予定だが、参拝しようと思う。

ここでもオニギリをリュックに詰めての、五時三十分出発。七十番本山寺へ、昨日道を間違えた為に通った財田川の土手を逆方向に歩く。二・七kmも歩いた頃、後より声をかけられ「やっぱりそうだ、歩く姿が似ているので、もしかと思ったら」と、振り向くと、なんとビックリ、六十番横峰寺で別れた、自転車の男性と又会えたのだ。

前回「これだと又会えるかも知れないね」と言って別れたが、今日はそれが現実となったのだ。昨夜は琴弾公園で野宿して、今日は、七十三番出釈迦寺辺りまでゆっくり走るそうだ。昨夜の公園は水・トイレ設備は良かったのだが若者が遅くまで騒ぎ、あまり眠れなかったと話される。ここで初めて二人で歩きながら話を聞いてみると、五月十五日、この六十九番観音寺を自転車で出発、昨日無事、結願成ったそうで、二十三日間の遍路行だ。観音寺に何か縁があり、近くで自転車を購入、出発の日まで預けておき、今日に至ったという。六月九日七十三番出釈迦寺でおこもりがあり、それを見たいが為の予定として四国を回り、余裕を作る為途中を急いだら、三日早い、昨日着いたとのことで、九日までの二日間をゆっくり休養がてら暇を潰すそうだ。

途中「土手の位置を右岸に変えた方が近いよ」と教えられ、先ほどより前方に見えている、五重塔を目指し進んでの、六時三十分到着する。参拝後、一緒に朝食、男性のコンビニで買ったおかずも勧められ、話に夢中。七時の納経に気付くのも遅れ、納経所へ。ここの納経所は、番線で吊った石を木槌で叩き、その音をベルの替りにしているのだ。

男性はこの石に興味があるらしく、私にも教えてくれたのだが、納経所の女性にも色々聞いていた。写真を撮ったり、叩かせてもらったりと熱心だ。

女性の話で「昔はこの辺り、この石はいくらでもあり、いくら取っても良かったが、今では許可がいる」という。

次の七十一番弥谷寺迄の道、五百m余りを、最後一緒し、そこで別れる。これでもう本当に会う事はないだろう。

私は納め札を渡したが、男性は「私は渡す物がないんです」といわれる。遍路で一緒した場合、お互い、根掘り葉掘り聞かないのが、何か暗黙の了解か、余りつっ込んだ話はしない。私も男性が岐阜の人だけとしか情報がない。私が「広島の呉です」というと、「焼山団地がありますね」と、小さな町の名をいわれこちらが驚く。不思議な人だ。

「ではゆっくり行きますから」と最後の言葉を残して去って行った。今日の日まで、男性とは何度別れて会ったか知れない。五月三十一日、久万町、三百八十号線で会ったのが最初、今日まで一週間私と相前後したわけだ。

歩きはしてないそうだが、もうかなり四国は巡っておられるように思ったのだが。

朝食時の話の中で遍路さんの話題の話をしてくれた。「十一番藤井寺から十二番焼山寺に向かうとき、三・二km地点にある長戸庵は、皆が気味悪い場所だと思っている」との話、私は「初めて登ることに夢中で分からなかった」というと、男性は「自分も気味悪いと思って急ぎ足になった」そうだ。

男性遍路の気晴らしもあると思うが、何処の納経所の女性が美人か、感じが良いか等、話に出ることも。私も何処そこの人が感じがよくて親切だったとは話したが実際としては覚えられないのが本当のところだが、五十二番太山寺では雨の中、優しい心遣いされたことが強く印象として残っている。

次の七十一番弥谷寺は納経するのに靴を脱いで上がらないといけない、山門からの階段が長く、本堂も高い所にあると教えられる。時間があればもっと面白い話がたくさん聞けたと思うが、それも叶わない。もう会うことはないだろうが、この男性と巡り会えたことは強い印象として残るだろう。

このような不思議な出会い、別れを経験させてくれた何かに感謝したい。

七十一番弥谷寺迄の十二・二㎞は最後の一㎞標示からの距離が長く感じ、登り口から本堂までの石段の総計が鉄の階段も含めて六百四十段、八十八ヶ所の寺の中では随一だ。遍路泣かせの寺であるかも知れない。男性の教えてくれたとおりの寺ではあった。

今日はここが一番時間を要する寺で、これからは、こうまで時間を要さないが、ただし予定は狂ってしまう。七十二番曼荼羅寺、七十三番出釈迦寺に向かう歩き専門の遍路道を主に七十三番出釈迦寺に先に着く。観光バス三台、百人くらいの遍路さんと一緒になる。この団体さんとは七十七番道隆寺までこれから、一日中一緒することになるのだが。その他、親娘三人連れ共同様一緒にお参りするような形になる。七十四番甲山寺に向かう途中、バスにての遍路経験のあるおばさんから「うどんでも食べなさい」と二百円の接待。八十八ヶ所中、三本の指に入るのではと思われる大きなお寺七十五番善通寺の参拝後、昼食に入った。大衆食堂では注文以外の品を何点か接待してくれ、ここでもペットボトルにお茶を入れてくれる。心より四国の人の遍路に対する心遣いを感じる。

今日も頑張れるし、結願が恩返しお礼となると思う。少し歩いた所の写真店でインスタントカメラを購入。荷物になるのと時間をとられるので、カメラは持たなかったが、順調に行けば後二～三日で終るだろうし、今の姿を写真に撮っても良いだろうと、ようやく気持ちに一つの余裕が生まれた結果でもあるかも知れない。

七十六番金倉寺で一人の女性と出会う。水道で髪、顔を洗っている。一目でこの女性が野宿をして巡っている人だと分かる。それというのも昨日、野宿での巡りをしている若い男性と話す機会があり、この若者より女性で野宿をしての遍路している者がいるとの情報を得ていたからだ。たずねてみると「そうです。私です」と、「彼とは二日ほど、一緒しました」という。千葉の女性で二十六歳、三月頃よりの出発、途中お寺に長居したりして今に至っているという。「先程、車が停まったけど乗りませんでしたね。私はあの車に乗せてもらってたんです」ともいう。後わずか、ここまで歩いて来た者どうしの何か通じるものがある。「女性だから、兎に角用心をして、私は貴女たちに比べて荷が軽いのだから、貴女たちに負けないよう、歩くのが仕事です。若い時の何かはきっといつか役に立つから」と簡単な話をする。女性で野宿をしている人はそうはいないと思う。カメラを買ったばかりで写真を撮ろうかと思ったが、何かタイミングがずれ写真も撮ることなく、私が先に出発する。

七十七番道隆寺で初めての写真を二枚ほど撮る。七十八番郷照寺までいけないこともないが、暑く疲れも感じたので三・五km先の丸亀に宿をとる。この時朝一緒になった団体さんがバスに乗って出発を待っていた。

丸亀の宿は、おばあさん二人の宿で、一人のお手伝いさんは十三年もの住み込みの人。キビキビと良く動き、気を遣ってくれ、洗った杖を置く為の新聞紙もすぐ用意され、おばあさんが「ここが良いですよ」と床の間辺りに置いてくれる。

二十時三十分頃、おばあさんが、頼んでいたオニギリとペットボトルのお茶を持って来てくれ、お茶は私が夕食の時「お茶が好きです」といったのを「接待したい」と持って来てくれたもの。本当このように変化のある一日は通常では考えられない。

三十六km

女性遍路との再会（六月八日）

四時過ぎに目が覚め、うつらうつら。いつもとは少し違う、明日でほぼ打ち止め、終らせるつもりだ。

幾分気持ちが高揚しているのかも知れない。昨日、おばあさんがオニギリを五つも作ってくれたので、そのうち二個を朝食とする。女将さんが朝刊を持って来てくれ、五時三十分出発時、新聞を返すと「持ってこなくても良かったのに」と。「元気でいつまでも頑張ってください」とお礼を述べる。玄関より出られ、私が見えなくなるまでずーっと頭を下げながら見送ってくれる。お手伝さんはまだ休んでいるとのことだ。

三・五km先の七十八番郷照寺までは時間の余裕がある為、ゆっくりと六時三十分頃に着き、参拝、残ったオニギリ三個での朝食を本堂横の池を眺めながらとる。

七十九番高照院に向かう時、信号の関係で進行方向を右より左に変え少し歩いた所、バス停で待っていた女性より三百円の接待を受ける。信号が変らなければ直進、女性の傍を通らなかったのに、タイミングの妙を感じる。八時三十分に到着すると、昨日会った野宿での遍路をしている女性に出会う。普通に考えれば、私の方が先に進むから会えるとはまず思っていなかった。

昨日私は確か早目の宿をとったのだが、女性も少し先まで進んだのかも知れない。

笑顔で挨拶のみを交し、参拝はまだのようで一緒に参拝する形となり、昨日カメラを買ったことを話し、写真を撮らせてもらう。

女性にもシャッターを押してもらい、参拝者に二人一緒にての記念写真も撮ってもらう。昨日、別れた後、写真を撮る機会を逸したので少し残念だったが、今日、偶然とも思える再会は、お大師さんの導きかも知れないと思い、写真を撮らせてもらった。

八十番国分寺を終えると、今日最大のやま、八十一番白峰寺、八十二番根香寺に向かう。遍路ころがしといわれている急坂を、このところの、何回目かの汗びっしょりになりながら上る。きつい坂であったが整備された道を上り終え、アスファルトの平坦地に出て、道路脇、空地に入り休憩、汗を拭き昼食に入る。自然に囲まれた、山での食事。今日で何回目になるだろうか、これも明日で終りとなるだろう。このときが一番気分的にも落着きゆっくりできる。残り一km余り、右側山道の遍路道を下り、自衛隊の宿舎（無人）前で野犬、四～五匹に吠えられるが、犬を見ることなく全く無視、そのまま歩くと何事もなく近付いてくることもなかった。そのまま少し道は悪いが下って行く。八十一番白峰寺に到着する。八十二番根香寺へは遍路道を戻り、車道に出ることなく直進、遍路道を歩き終え車道は一・五km歩くのみで八十二番根香寺に至る。しかしこの間の遍路道（車道を降りた付近より根香寺側）は、天気の悪いとき、雨の日は特に女性には淋し過ぎる道かも知れない。途中より車道に出てからの八十二番が良いかとも思う。ただし遍路道を通るのが優先であり、天気の良い日の射す場合は何ら問題ないと思う。薄暗く、気味が悪い。木々に覆われ日が射さないのだ。白峰寺の納経所で「遍路道を利用したいのだが」と聞いたとき、「今日は雨が降ってないし、天気もまあ良いから」との女性の返事、何か変なことを言うなと思ったが歩いてみてこの言葉に納得がいく。先ほど別れた野宿の女性に連絡がつくなら、犬、遍路道のことを教えてやりたいのにと気になる。八十二番根香寺十四時三十分着、その足で八十三番一宮寺に向かう。十三・三㎞あるが十七時までには行けるつもりで、その先の栗林へ宿をとる。電話では女将さんが「身体の具合が悪く夕食は出来ないが、食堂は近くにいくらでもあります」と。

こうなると十七時までの納経を済ませないといけない。ところが一宮寺までのコースが行程の半ば七㎞より先は階段上となった間違え易いコース。鬼無《きなし》までは山間部を抜け、岩田神社の少し前で休憩、少し立ち寄った電気店では話をしていて杖を忘れ引き返していると、奥さんが杖を手に持って来てくれた。

遍路標識、マークを注意しながらの歩行、何とか十分前に到着できたのだが、滑り込みセーフという感じ。途中、小学生の男の子からは「頑張ってください」と励まされ、可愛い女の子からは「田村神社はもうすぐですよ」といわれ、「一宮寺なんだけれど」というと「一宮寺は分からない」と言う。

一宮寺に着いてみて、この両方が隣り合わせになっているので納得いくが、同時に女の子の優しさ、可愛さをほのぼのとした気持ちで思い起こす。宿はこれより五・三㎞先、夕食はないものの宿の迷惑にならない為にも早く着きたい。宿の少し手前、道に迷う所があり、脇の家でたずねても奥さんも分からず、道路に出て話していると、目の前、三～四ｍ先の歩道橋の手摺りの支柱に遍路マークがあり、奥さんに「分かりました。この歩道橋を渡ればいいんです」というと、奥さんは「こんな所に遍路マークがあるなんて知りませんでした。遍路道になってるんですか。どうも有り難うございます」といわれてしまった。横断歩道橋が遍路道になっているのは初めてで歩道橋を渡り右側へのコース移動となっている場所だったのである。

十八時二十分宿に到着、今日十三時間の行程だ。しかし昨日が三十六kmの為か、脚、腰の痛み疲れは出ず、これが腰の痛みでも出ていれば大変だったが、膝の状態もこのところの上り下りの連続でも幸い殆ど影響なく本当、お大師さんのお陰と思う。

宿では女将さん一人に迎えられる。お手伝さんが一人いるが、もう帰られたそうだ。

女将さんは「このところ、お遍路さんに早目の朝食をした疲れか身体の具合が悪いんです」と。私からの電話をとった時も「頭がグルグルしていたが、お遍路さんが来ると思ったら、元気になりお陰を頂きました」といわれた。

つい「遍路の早目の食事なんか作れないときは無理しなくていいんですよ。身体が一番大事ですよ。遍路する人はそれくらいの覚悟はしてるから」と、高齢の身を心配し、身体には注意してくれるよう願う。

夕食は女将さんに紹介された大衆食堂へ、私の好みの店でリラックスでき、美味しく食べられた。私の他には夫婦づれ一組、いつもながら静かな宿泊、女将さんにいつもどおり「明朝早く出ます」と、清算を済ますと、夏みかんを三個接待される。

風雨の中での結願（六月九日）

四十七km

今日は、四国霊場八十八ヶ所結願を目指す。いつもどおりの出発、五月十九日よりの再度一人旅になってからは自然五時前後に目が覚める。女将さんはまだ休んでおられるようだが、これまで続いて来た早朝、私の鍵開け出発も今日で最後になると思う。

八十四番屋島寺まで約八km、商店街のアーケードの下を一km余り進み、国道十一号線に出て右に折れ、四つばかりの橋を渡り、国道より左折、屋島寺への上り入り口、手前の牛丼店で、サラリーマン達と一緒の朝食をとる。踏み切りを越えて、屋島小学校、ここよりの上り約一・五kmは半端でない急勾配だ。八十八ヶ所中、五本の指には入ると思われるほどの急坂だ。汗が吹き出るが、ピッチを刻むのみ、やがて山門が見えホッとする。

参拝後宿で接待された夏ミカンを、トイレの前で食べていると、上り口近くで会った女性がやって来た。「お寺近くで手伝いをしています、ケーブルなので追いつくかと思ったが、もう見えなかった」と話しかけられる。女性は快く写真を撮ってくれ前方左方向に歩を向ける。そこに又参拝を終えた若い男性がやって来る。自転車で巡っているという。手ぶらなので納経はやってないようだが、「二十日間の休みが取れたので名目は父親の手術成功を願っての巡りです。家が三十七番岩本寺に近いから、六月二日そこより打ち始め今日で八日目です」と。私が「広島の呉から」というと、彼は「字は違うが高知の久礼からです」という。

一緒に坂を下り、自転車の置いてある所で別れる。お互い八十五番八栗寺へ向かう。屋島寺への上りとは少し距離は短いが全く同じ感の上り、勾配も同じくらいだ。ケーブルカー横の急坂を上る。彼が丁度お参りを済ませ下りてくる。自転車だからやはり速い。ここで本当のお別れ、注意し頑張っての言葉で別れる。先ほどかいてひっこんだ汗が又同じように出る。屋島寺と同じような状況で八十五番八栗寺に到着。まずは汗を拭く、ここでも団体さん四十人ほどと一緒になる。写真のフィルムを使うべく団体さんを背景に写真を撮る。八十六番志度寺へは、上って来た道より右手に九十度ずれた位置、本堂右手より遍路道を下る。膝をかばいながら、スピードを弛めずのいつもの下りで進む。

琴電八栗新道駅に来ると丁度食堂があり、十一時とまだ早いが昼食にする。女性がやっていたが、父親らしい男性に「広島から来たの」と聞かれ、「そうです」というと、「仕事の関係で広島県内にはよく行った」と、西条の宿でも同じように男性に話しかけられ、私の家の近くの事まで知っていたのには驚かされ、四国との距離の近さを感じさせられる。ここより八十八番大窪寺の下の宿へ予約を入れる。これで安心して結願の寺へ向かえる。これで宿の予約を取るのも最後になるだろう。今まで宿を決めるとき、距離を稼ぐ為、目一杯先の宿に予約を取るようになっていた。自然、自分にある程度のプレッシャーを掛け、宿に着くことを無意識にやってきていた。

常に全力を尽くさないと宿には着けないのだが、何度か疑問に思ったこともあるが同じことの繰り返しできた。地元の人の助けてもらってのお参りであり、宿到着でもあった。

自転車の男性がいっていた「あんたには何か、後押ししているものがあるようだ」と。今になって改めてそう思う。自分一人の力ではないと。あの時、あの人がいなかったら、助言がなかったら、あの宿を断わられていたら、今日ここに自分はいなかったろうと。

八十六番志度寺へ一気に、八十七番長尾寺へもその足で向かう。十四時三十分長尾寺に到着、結願の寺八十八番大窪寺へ向かう最後の休憩を夏ミカンと軽食で、誰もいないただ一人の淋しい境内でゆっくりととる。売店、納経所も手持ちぶさたの風。小雨も降りだした中、十五時出発、十二・八km先のゴール、十七時には着くだろうとの安易な考えが後々まで響く結果になろうとは思ってもいなかったが。出発してから雨脚が強くなり、風も時折り強く吹く。進めば進むほど双方強くなり、前山ダム付近では傘など全く役に立たず、差せない状態。

私の四国八十八ヶ所参りは最初と最後共、雨に見舞われた。九州、和歌山、太平洋側には大雨注意報が出た。やはり最後まで甘くないということか。

ダムを左に見て進み、左に曲がる道路下の公衆便所で合羽を着て、相変らずの雨の中、車道を歩く。暫く行き左に入り同じく舗装された道を上って行く。途中民家で確認、「この道を行けば大窪寺へ行けます」との返事をもらい、止むことのない雨の中を歩く。

大窪寺より手前、二、三km付近より山道、左側への遍路道に入る。時間も十六時二十五分、車道より早く着くものと入ったものの、上部に近づくにつれ、急傾斜、岩場となり、雨でもあり、かなりの難所である。下りになっても階段となる下りが延々続き、どのように急いでも十七時には着きそうにも無い。下手に急いで、ここで怪我でもしては元も子もない。ここでK嬢のいったことを想い出す。「結願の寺を目の前にして、階段を踏み外したか何かで怪我をして救急車で運ばれた人がいたと聞いたことがあります」。慎重に尚かつ急いで下る。

納経も五分過ぎのところ、後片付け中だったが快く受けてくれる。

最後の最後まで、五月十六日大龍寺以来の強裂な雨と風、十分性根を入れられたと思う。今日のような日、重いリュックの人は遍路道を上らず、車道を行く方が安全の為には良いかも知れない。結願に至った嬉しさはいうまでもないが、取り敢えずは苦しい雨の歩きが終ったこと、納経が終えられたことが嬉しかった。誰もいない私一人最後のお参り、この時改めて結願に至ったのだと、明日よりお参りするお寺はないんだと少し淋しくもある。

遍路道より降りて来てこの間、大師堂が境内に見当らない。これ以上濡れることはない、大窪寺をよく見るのと兼ね、辺りを探してみたが、見当らない。寺の人も誰もいない。結局、諦め宿へ。おばさんに迎えられ大師堂の件を話すと「遍路道から降りた、納経所の反対側、新しい門の所に立派な大師堂がありますよ」といわれ、私が「気がつかなかった」というと、「そんなことはない」と、一笑に付される。「明日ゆっくり探してみます」と私は答えるのみ。話の内容で本堂前付近の境内にはないことが分った。

食事の時おばさんが色々話してくれる。先ず「私は遍路の先達の資格があるんですよ」と。「不思議な話ですが、私達と団体で遍路した人で、男の人がお参りをせず皆の写真だけを撮った人が遍路から帰って病気になり、何かの業がついたらしい」とか。「私はお参りもしなさいと注意はしたんですがねー」と話してくれる。「今、納経の時、おすがたと一緒にくれる藍色の札（六・五cm×十二cm）は明石大橋開通記念で今年一杯までで、来年は来島大橋開通記念として金色の札になるそうですよ」とも教えてくれる。又「四国八十八ヶ所の遍路道整備は、『一人歩き同行二人』の著者、宮崎建樹さんの個人的働きでなされてるんです。春、秋年二回くらいに分け、全国よりの応援を得て、四国を回り、草刈り、遍路標識、マークのチェックもしているんですよ」「大窪寺裏の遍路道も、宮崎さんが作ったものですよ」と信じられない話を聞かされる。「この宿にも、宮崎さん、去年の十一月にやって来ました。今年も秋には来ます」と言う。貴重な話、有り難く拝聴させていただく。

部屋に入り、四国の夜は今日で最後、前半は二人と同行し、後は連日、早朝よりの一日十〜十三時間の歩き、よく身体が持ったものと思う。膝の痛みも中盤頃よりは軽くなり、ジョギングのお陰とも思うが、足の裏の豆も、両小指に少し出来た程度で全く影響がなかったせいもあると思う。

今日初めて知ったのだが遍路道の整備をして下さった宮崎さん、接待してくれた皆さん、親切な宿の人、出会った多くの人々――。

改めて私の心の中を占めた、先祖、祖母、伯父、母、ボランティア仲間――。

今回得た、一番感じたことは結局人間が一番素晴らしい、このような交りをすれば、世の中もっといい方向に行くと思うし、明るくなると思うことだ。

皆の力を借りたことで今日の結願に至ったと思う。四国で出会った人の記憶はいつまでも胸の中に収め、私の財産として持ち続けたいと思う。今日大窪寺に着いてみて、今迄確認したかったことを納経所で若い僧侶に聞いてみた。「一番霊山寺へのお礼参りは、決まりとしてはないです。行っても行かなくても構わないです。だから乗り物を利用しようが問題ないです」と以上のような意味あいで話された。明日、一番霊山寺へのお参りは予定していたので、途中の大影までは歩き、その先は乗り物を利用しようと思う。

「土産物でこのお寺特別なものは何かありますか」とたずねるが、「他の寺と同じで、八十八番大窪寺と付くだけで、結願の寺といっても品物は大体同じですよ」の返事。

売店も五時に閉じてしまう、明日ゆっくり、土産物探しをしよう。

四十四km

母の顔見て本当の結願（六月十日）

昨日、大師堂が分からず、宿のおばさんに呆れられてしまったが、今朝一番でお参り、おばさんのいわれたとおりかどうかの確認と大師堂を探しに行く。遍路道よりの昨日の再現はしなかったが、大師堂より見てこの位置だと、昨日の雨の中、位置的にも遍路道より降りてくるとき、右側となるのだが分かりにくい。急いでいたりすれば尚更のことと思うが、勿論境内からは一段高くなった遠くにあり全然見えない。しかし境内には良く見ると大師堂への案内板がちゃんとあり、昨日気の付かなかった私の迂闊さを反省する。大師堂は宿の前の道を左に上り、大窪寺山門も通り越した、すぐ上の新しい大きな門より入った左手にあった。

二日がかりでの大師堂参拝となり、これで本当の結願成ったという気持ちでもあるが。

土産物も昨日、いわれたように結願寺といっても特別な物があるというわけでなく、八十八番大窪寺と標示が変るのみ。考えてみれば遍路する場合、打ち始めのお寺が各自違ったとき、結願のお寺も変ってくるのだから。しかし歩き遍路でここまで来て求める物ならば、私にとって皆特別な物に感じられると思う。千二百km近くを歩いて手にした物だからだ。最後まで私らしい、ドタバタとしたスマートでない遍路行となってしまったが、これで一応の区切りをつけ一番霊山寺のお礼参りに向かうことが出来る。

六km先の大影よりバスに乗るべく雨の上がった晴れ間の道を歩く。途中崖崩れ（以前よりのもの）で迂回路を通っての大影着。おばさんにバス停を教えてもらい、九時十五分発の町営バスに乗り込む。途中より乗車のおばさん、四〜五人と一緒にＪＲ学駅に向かう。学駅近く、見覚えのある場所が見える。五月十二日十一番藤井寺に向かうとき通った、沈下橋と川岸が見えるのだ。懐しい、このような形で戻ってくるとは思いもよらない、一ヶ月前のことだが昨日のように思える。懐しい余韻に浸る間もなくバスは学駅に到着する。学駅より電車で板東駅に降り立つ。

全て三十日前のタイムスリップ、違うのは遍路出発前でなく、今日がお礼参りで一番霊山寺に向かうこと。懐しい、まだ記憶新しい道を、幾らか余裕を持ってゆっくり歩き一番霊山寺へ。ここは前と同じく大勢の人がおり、皆が活き活きとして見えるのは私の気のせいだろうか。先ずは本堂へ参拝、無事に帰れたことのお礼報告を済まし、遍路装具を揃えた売店に顔を出し覚えのある店の人に『同行二人』の本がないと、初めての歩き遍路さんには難しいし、私には本の紹介がなかったんですが」とたずねてみた。「その時は本がなかったのかも知れません。この本は少ないんです」といわれる。それは理由にならない、せめてこの本の存在だけでも知らせて欲しかった。他のお寺でも売っている所があるのだから、後から続く歩き遍路さんの為にもこれだけはいっておきたかったのだ。

私の勉強不足だといわれればそれは仕方ないことだが、店の人が忙しくても、より多くの遍路さんに、この本のあることを紹介してくれるよう願う。

高松～瀬戸大橋～岡山にての帰り途、一昨年まで、二十九年余りを過ごした福山に降り、お世話になった人の所に寄り、お礼を述べると共に近況報告、遍路しての帰りですと話す。喜んでもらえると共に驚かせてもしまった。

家に着いたのは二十三時過ぎ、実家に寄り、毎日仏壇にて私の無事を参ってくれた母に挨拶。「帰ったんか、それは良かった」の言葉と元気な姿を見て、これで私の四国八十八ヶ所霊場巡りが事実上、結願成ったと思った。

完の章　一人歩き遍路を終えて

歩けば優しさが見える

私の一人歩き遍路、四国八十八ヶ所霊場巡りは無事終わった。左膝に爆弾を抱えての出発となったが大きな支障をきたすことなく最後まで持ってくれた。数多くの車ともすれ違い、追い抜かれ多くのトンネルも通ったが交通事故にも遭わず、病気にもならず、兎にも角にも一ヶ月もの間、無事で過ごせたのは、私一人の力よりは、見えない何かの加護があったものと思える。一歩間違えば、予定が大巾に狂うところも地元の人の親切で助けられた。宿の人も私たちの為に一生懸命、料理を作り、もてなしてくれた。料理の素晴らしさ、美味しさで接待してくれたと思う。このお陰で元気の源が得られ体力が持ったと思う。

私の性分で無理を承知できつい行程となる日が続いたが、これはこれである程度納得している。克服することにより達成感も得られたのだから。

一生懸命歩くことで無になることもできた。反面、祖母、伯父、家族、仲間のことを、これほど思った期間もなかった。自分一人で生きているのではないのだと改めて思う。

私は遍路を行う中、兎に角、地元の人との交流を図るように心掛けた。納経所では次のコースの方向、とっかかりの道順も確認するようにし、遍路中、道が分からなくなるとすぐ地元の人にたずね会話交流を図るようにし、なるべく小さな食料品店に入り、情報を得るようにした。宿の人にも心より接することにより、楽しく一日が終えられ明日への活力にもなってきた。

歩き始めてすぐ感じ、終るまで考えの変らなかったことはただ一つ、昔の遍路さんの苦労がいかに大変であっただろうかということを身をもって感じられたことだ。昔の人の偉大さを肌で感じ自分のちっぽけさを思い知らされる、どれほどの努力をすれば、そこまで近づけるか永遠のテーマとするに値すると思う。歩いて思ったことは辛くても歩かなければ前に進まない、自分の歴史が開かれず生まれないということ。

終わってからは前に進むという苦労の中に悦びがあることを学んだと思う。

自然の多さ美しさにも心和むことができた。この自然をいつまでも残すことにより遍路に潤いを与え、これからも、まだまだ続き人々の心を救ってくれるものになると思う。

今回の遍路を終えてもう一つ感じたことは若い時の経験、これまで続けてきた一つ一つが大いに役に立ったこと、これで今まで私のやって来たことが間違っていなかったという嬉しさである。若い時には何でもしなさい、挑戦しなさい、いつか役に立つことがあるからとは昔からよくいわれてきた言葉。これが今回私の場合、旅行、登山、ジョギングであった。登山道具の一つである磁石を二十七年振りに使い結構役に立った。ジョギング等続けてきたことがこんなに役に立つとは思いもしなかったが、今までのことは、全て今回の為にあったと思っても良いようだ。いつかこの日が来るのを願っていたが、しみじみ有り難いと思う。

最後に母より、伯父が小さい時、祖母と一緒に三ヶ月くらいをかけて遍路した事は何回か聞いていた。今回私が無事結願に至ったのも、祖母、伯父の後押しがあったからだと思っている。道中色々な場所で顔が浮かび想い出された。四国を巡っている時、いつも私を見守っていてくれたと今も思い、信じている。

今最後に思う

出発さえ危ぶまれた遍路を無事終えることができ、感謝の念で一杯である。

今顧りみるに結願に至った要素は何点かあると思われるが、三日目より、僧侶、K嬢と同行した事が決定的であると思っている。

遍路という長い行程の場合、初めより無理な行程で進めた時、私の場合、最後まで持たなかったと思う。二日には三十五㎞を歩いている。私の性分からすると最初からこのペースで突き進み、その結果、膝がどうなったか、結願できたかさえも疑問である。

偶然ともいえる二日目より、僧侶との出会い（『四国遍路一人歩き同行二人』の本の存在を知る）、三日目より二人と同行する事により、ペースも押えられ、雨模様の天気とも相俟ってペースが落ち膝も安定した。一ヶ月もの歩行となれば、四～五日は足馴らしをするのが自然であろう。私はどうも何かの力が結願に至らす為、膝の心配をしてくれ、このような出会いをもたらしてくれたのではないかと思っている。これを何かの加護と思っても致しかたのないことであろう。

お大師さんの手の中で四国巡りを完成させられたと思う。結願に至るということは自分だけの力ではない。だから遍路が千二百年前から今日まで続いて来たと思うし、これからも続けられることを確信する。

完了

あとがき

四国八十八ヶ所霊場巡りを無事結願と成ったのは、四国の各地で出会った人たちの、励まし、応援、助言のお陰であり、心よりお礼申し上げます。遍路道保存協力会の『四国遍路一人歩き同行二人（別冊）』がなければ、今回完歩もまず難しかったと思います。

遍路道路整備のお礼と併せて心よりお礼申し上げます。接待の心をこれからの人生に生かすことが、本来、遍路した者としての使命ではないかと思います。そうすることにより、お参りの時は「世のために、自分を大きく生かしたい」と、お願いするようにと頂いた、『四国遍路、作法とお経の意味』小冊子の中の一文を現実のものにすることができると思います。「皆に生かされ、皆を生かす」。今回、遍路を終えての私の心に宿った言葉です。四国遍路がこれからも、未来永劫であり続けられるよう祈念申し上げます。

感謝、合掌。

【著者紹介】

渡辺安広（わたなべ・やすひろ）

昭和22年３月15日、広島県呉市に生まれる。
広島県立呉工業高等学校定時制卒業。
大呉興産（株）、日本鋼管（株）福山製鉄所を経て、現在呉市社会福祉協議会、
ホームヘルパー、ガイドヘルパー。

四国八十八ケ所霊場巡り
-人間って素晴らしい-

2023年2月17日発行　著　者　渡辺安広
発行者　向田翔一

発行所　株式会社 22 世紀アート
〒103-0007
東京都中央区日本橋浜町 3-23-1-5F
電話　03-5941-9774
Email: info@22art.net　ホームページ：www.22art.net

発売元　株式会社日興企画
〒104-0032
東京都中央区八丁堀 4-11-10 第 2SS ビル 6F
電話　03-6262-8127
Email: support@nikko-kikaku.com
ホームページ：https://nikko-kikaku.com/

印刷
製本　株式会社 PUBFUN

ISBN：978-4-88877-152-8